설악산이 제 몸을 풀어 눈을 녹이고 속살을 데워서
잎이 피고 꽃을 피우면 나는 깊은 골짜기로 들어가 가부좌를
틀고 앉아 내 스스로 적멸이 되는 연습을 할 것이다.
그리고 마음 속에 맑은 영혼이 되돌아올 때까지 기다릴 것이다.
나는 오랫동안 기다림을 갖지 못했다.

적멸의 즐거움

적멸의 즐거움

지은이 / 정휴스님
펴낸이 / 김동금
펴낸곳 / 우리출판사
주소 / 서울특별시 서대문구 경기대로9길 62
등록 / 제9-139호
전화 / (02) 313-5047 · 5056
팩스 / (02) 393-9696
wooribooks@hanmail.net
www.wooribooks.com

제1판 제1쇄 펴낸날 / 2000년 3월   2일
제2쇄 펴낸날 / 2000년 3월 16일
제3쇄 펴낸날 / 2000년 3월 30일
제4쇄 펴낸날 / 2016년 10월 11일
정가 10,000원
ISBN 89-7561-123-X 03810

적멸의 즐거움

정 휴 지음

우리출판사

책 머리에

　지난 해 여름부터 겨울에 이르기까지 설악산에서 지냈다.
　세속적 풍진(風塵)에서 벗어나 홀로 있는 시간을 통해 내 자신을 일깨우고 그동안 살아온 뒷모습을 살펴보기 위해서였다. 참으로 많은 세월이 흘렀고 지나온 내 뒷모습은 마멸되어 텅 비어 있었다. 그것은 하룻밤 꿈과 다를 바 없었다. 인생의 2/3가 어디론가 떨어져 나가고 없었다. 마지막 잎새가 떨어질 순간을 기다리는 것같이 절박감이 엄습했다. 그 순간 앞으로 살아갈 시간이 얼마 남지 않았음을 깨달을 수 있었고, 문득 죽음이 육체의 어느 한 구석에서 자라고 있음을 자각할 수 있었다. 유한적 삶을 살고 있는 인간에게는 생멸이 되풀이되고 나아가 죽음을 피할 수 없다. 비록 열반이 생사가 없는 해탈의 자유라고 하지만 죽음만은 개별적이고 주체적이다.
　나는 이때 마음속에 있는 집착과 욕망을 버리기로 결심했다. 그리고 죽음을 미리 준비해야겠다고 생각했다. 사실 죽음을 준비하는 일은 자성(自性)을 자각하는 일이 선행되어야 하고 진여(眞如)의 실상을 깨달았을 때 내 자신의 본래 모습으로 돌아갈 수 있다.

죽음을 생각하고부터 절 입구에 있는 부도(浮屠) 곁에서 오랫동안 앉아 있다가 오는 시간이 많아졌고 모든 일이 부질없이 보였다. 그리고 밤이면 혼이 내 몸속을 빠져 나갔다가 되돌아 오는 것을 여러 번 체험할 수 있었다.

　작년 가을날 일찍 잠이 들었다가 비바람 소리에 깨어나 창문을 열고 보니 나무들은 낙엽을 떨쳐버리고 앙상한 뼈대만 드러내 놓고 있었다. 떨쳐 버릴 것은 모두 제자리로 돌려보내고 나무들은 침묵 속에 잠겨 있었다. 나는 이때 나무들도 해마다 근원으로 돌아가기 위해 낙엽을 지우고 있음을 깨달을 수 있었다.

　사람도 근원으로 돌아가기 위해서는 모든 인연을 제자리로 돌려보내야 한다. 그리고 텅 빈 공적(空寂)의 상태에서 죽음을 바라보면 허무와 소멸의 허탈감은 훨씬 적어진다. 특히 불교는 다른 종교와 달리 죽음을 육체의 소멸로만 생각하지 않고 법신의 회귀라고 믿는다. 그래서 육신을 비정할 만큼 홀대한다. 육신을 참된 자아로 인정치 않고 가아(假我)라고 한다. 소멸해 없어질 헌옷 같은 존재라는 뜻이다. 다만 법신만이 영원히 불멸한다고 믿는다. 이러한 교리와 깨침으로 인해 육신을 버리는 일에 미련이나 애착을 갖지 않을 뿐 아니라 죽음을 슬퍼하지 않는다. 오히려 해탈의 즐거움을 얻는다고 선사(禪師)들은 기뻐했다. 사실 열반은 생사를 초월해서 불생불멸한 법신을 체득한 경지를 뜻한다. 이러한 열반의 의미에서 본다면 죽음은 슬픔이 아니라 즐거움이다. 왜냐하면 생사의 속박에서 벗어난 해탈이요 법신의 탄생이요 적멸(寂滅)이기 때문이다.

부처님은 생멸이 없어진 자리에 적멸의 세계가 있고 그 적멸은 즐거움이 된다(生滅滅而 寂滅爲樂)고 했다.

나는 깨침을 얻은 선사들이 열반을 통해 죽음을 입체적으로 자재하게 연출한 분들의 삶을 규명하기 위해 지난 해 여름부터 겨울에 이르기까지《전등록(傳燈錄)》을 읽었다. 전등록에는 1701명의 선사들이 등장하고 입적(入寂) 과정을 구체적으로 기록해 놓고 있었다. 대부분 선사들은 임종에 이르러 자기 죽음을 예감하고 있었고 마치 여행을 떠나는 사람처럼 오늘 떠나야겠다고 유언을 하고 또 어떤 선사들은 나고 죽음이 없는 세계로 가니 참으로 즐겁다고 깨침의 노래까지 부르고 있었다. 그리고 대부분 스님들은 앉아서 입적했고 그 가운데 몇십 명은 서서 열반을 했는가 하면, 물구나무를 서서 거꾸로 입적한 선사들도 있었다. 또 어떤 선사들은 뜰앞을 태연히 거닐다가 오늘 가야겠다고 혼자 독백을 한 후 걸어가다가 입적한 분들도 있었다. 뿐만 아니라 극락이 보이지만 자신은 지옥으로 가겠다고 선언한 선사들도 있었다. 나는 처음으로 열반이 즐거움이 된다는 것을 깨달을 수 있었고 죽음이 이처럼 아름다울 수 있을까 하고 오랫동안 감동에 사로잡혀 있었다.

그러나 다음과 같은 입적 방법에 나는 충격과 전율을 느끼지 않을 수 없었다. 특히 중국 혜안국사는 입적에 이르러 모든 소장품을 제자들에게 나누어 주고 유촉하기를 "내가 열반에 들면 시신을 숲속에 놓아두고 들불에 타도록 하라"고 했는가 하면, 청활스님은 스스로 임종을 예감하고 문도들에게 "내가 입적하거든 시신을 벌레들에게 주어라. 그리고 탑이나 부도를 만들지 말라"는 유언을 남기고 반석 위에서 앉은 채로 열반하고 있었다. 그리고 조선조 고한희언선사는 임종에 이르러 "공연히 이 세상에 와서 지옥의 찌꺼기만 남기고 가니, 내 살과 뼈는 저 숲속에 버려두어 산짐승의 먹이가 되도록 하라"고 유언을 하기도 했다.

이처럼 육신을 헌옷처럼 벗고 자성(自性)의 근원으로 돌아간 선사들은 남겨놓은 육신을 힐끔힐끔 쳐다보며 짐승들이 그것을 먹고 있는지 확인하고 있는 것 같아 그 초월적 여유 앞에 섬짓한 기분마저 들었다. 그러나 이것은 생사의 자유였고 적멸의 즐거움이었다.

나는 이와 같은 생사의 자유를 누린 선사들의 입적 과정과 임종게를 정리하여 이번에 책으로 엮게 되었음을 밝힌다. 그리고 지금도 매장(埋葬)을 고집하고 화장(火葬)을 주저하고 있는 분들에게 반드시 이 책을 권하고 싶다. 왜냐하면 육신을 버리는 자유가 이처럼 아름다운 감동이 되고 열반의 즐거움이 된다는 것을 독자와 함께 누리기 위해서이다. 끝으로 우리출판사 직원들의 노고에 감사드린다.

2000년 겨울
설악산 눈쌓인 토굴에서 　저자

차례

- 책머리에
적멸의 즐거움 • 11
걷다가 입적하는 자유 • 17
내 뼈와 살을 숲속에 버려라 • 31
혼을 담는 그릇 • 41
사람의 향기 • 53
이 몸 벗고 근원으로 돌아가네 • 61
법당 안에 부처가 없네 • 65
탑과 부도를 만들지 말라 • 73
죽음이 자유스러워지는 지혜 • 85
사람이 되는 길 • 95
육신을 산짐승에게 주어라 • 103

시주의 땅을 더럽히지 말라 • 115
떠나는 자유 • 127
영혼은 꽃으로 다시 오고 • 137
바른 말은 쇠망치다 • 153
자기 귀환 • 163
천당으로 가지 않고 지옥으로 가고 싶네 • 175
텅 빈 침묵 • 199
이 몸에는 본래 주인이 없네 • 205
가는 곳마다 님을 만나네 • 213
부처란 일없는 사람 • 227
영혼은 별빛으로 다시 오고 • 235

적멸의 즐거움

육신에 집착이 많은 사람일수록 적멸의 자유를 외면한다. 그렇다고 사람의 가치가 호화스러운 장례를 치른다고 달라지는 것은 아니다. 오히려 겉치레가 사치하고 호화스러울수록 시은을 빚지게 된다는 것을 알아야 한다. 육신이 비록 영혼을 담고 있는 집이고 신령스런 자성을 머물게 하는 거처일지라도 그것은 언젠가 소멸해 버릴 가아(假我)이다. 그래서 수행인들은 육신을 홀대한다.

****

　새벽이 되자 밤새 머물러 있던 어둠도 깊은 골짜기 속으로 사라지고 나무 숲에 앉아 영롱한 불빛을 발산하던 별빛도 하늘로 되돌아가자 갑자기 텅빈 공간이 다가서는 것 같다. 무엇이든 떠난 자리에는 아쉬움이 남는다. 비록 사람이 아니더라도 침묵의 빈 자리가 아픔이 될 때가 있다. 마치 사람이 앉았다가 떠나간 것처럼 허전하고 공허함이 빈 자리를 메운다. 누렇게 벼가 익은 가을 들녘도 추수를 하고 나면 빈 자리가 너무 커 보일 때가 있다.

　초가을로 접어들자 산등성이에서 내려온 바람이 마음을 들뜨게 한다. 바람은 한 군데 머물지 않고 산과 들을 배회한다. 그래서 바람은 천년을 사는 걸까. 그리고 걸림이 없어 집착을 만들지 않아 무애의 자유를 누리고 있다. 뜰앞에 낙엽이 한잎 두잎 지고 있다. 낙엽은 떨어져 어디로 갈까. 낙엽귀근(落葉歸根)이라고 했듯이 낙엽은 근본으로 돌아간다고 한다. 따지고 보면 낙엽만 근본으로 돌아가는 것은 아니다. 사람도 죽으면 흙으로 돌아간다. 흙은 생명의 원천이다.

　어느 날 제자가 스승에게 물었다.

　"해탈이란 무엇입니까?"

　스승은 서슴없이 대답했다.

"자기귀환(自己歸還)이니라."

스승은 해탈을 속박에서 벗어남이라고 대답하지 않고 본래 자기 모습으로 돌아감이라고 했다.

그러나 세속 사람들은 죽었을 때 자기 모습으로 돌아간다고 생각하지 않는다. 세상을 하직하고 이승을 떠난다고 믿는다. 불교에서는 스님들이 열반에 들면 입적(入寂)이란 단어를 사용한다. 깊은 고요에 들었다는 의미다. 그리고 입적이라고 표현하지 않으면 원적(圓寂), 적멸(寂滅), 귀진(歸眞)이라고 한다.

적멸이란 뜻은 나고 죽음이 없는 법신의 본질을 뜻한다. 다만 세속적 의미로 해석하면 죽음은 참으로 고요하고 빈 자리란 뜻이다. 그러니까 세상을 하직하고 막연히 떠나간 것이 아니라 적멸을 이루고 참된 면목으로 돌아간다는 뜻이다. 특히 화장을 하는 사람은 불교의 적멸의 뜻을 깊이 체험할 것이다. 왜냐하면 육신을 태우고 나면 재만 남기 때문이다. 그러나 적멸은 고요와 소멸이 아니다. 그것은 법신의 태어남이요 참된 자기 모습으로 돌아감이다.

부처님은 모든 생명에게는 생멸의 슬픔이 있다고 말씀하셨다. 그러나 생멸을 완성한 사람에게는 죽음이 즐거움이 된다고 하셨다.

이 세상 모든 생명에게는 나고 죽음이 있다. 그러나 나고 죽음을 함께 버리면 적멸을 이루고 그 적멸은 끝내 즐거움이 된다.

적멸은 죽음이다. 다만 고요히 멸해 있는 상태가 아니다. 삶과 죽음을 함께 버려야 적멸은 한없는 즐거움이 된다.

　몇 해 전 가을 조계산 송광사에 단풍이 붉게 물들었을 때 방장이신 구산(九山)스님이 열반하여 영결식을 거행하게 되었다. 그의 사제(師弟)인 박완일 신도회장은 조사(弔辭)를 통해 '스님, 스님!' 하고 부르면서 '얼마나 좋으십니까' 하고 되물었다. 그때 영결식에 모인 대중들은 귀를 의심했다. 왜냐하면 듣는 사람에 따라 의미는 달라지겠지만 큰스님이 죽어서 좋다는 뜻으로 해석할 수 있는 소지가 있었다. 그러나 그의 조사는 그 다음 이어지는 말에서 달라지고 있었다.

　"스님은 이제 나고 죽음이 없는 세상으로 갔으니 얼마나 좋으시겠습니까?"

　이때 박완일 회장의 조사는 생사가 없는 의미를 깨우쳐 주면서 또 다른 슬픔을 체험할 수 있도록 했다.

　몇해 전 중국대륙을 통치하던 모택동 주석이 임종에 다달아 유언하기를 자신이 죽거든 무덤을 만들지 말고 시신을 불태워 재를 고향 산천에 뿌려 달라고 해서 유언했다. 등소평 역시 무덤을 쓰지 않고 그의 시신을 불태워 재를 그가 생전에 가꾸던 정원과 양자강에 뿌려 세계적 화제가 된 일이 있었다. 그리고 우리나라의 선경그룹 최종현 회장도 호화 무덤을 쓰지 않고 화장해 달라는 유언을 남겨 신선한 충격을 준 일이 있었다.

　죽음은 생의 종말이 아니라 법신의 탄생이다. 육신은 누구나 할 것 없이 흙으로 돌아간다. 다만 사람들은 육신속에 담겨 있는 정신의 소재를 모르고 있다. 수행을 통해 깨우친 사람일수록 육신을 산과 들에 버릴 부스럼 딱지같이 여겼을 뿐이다.

　중국에 이름을 남기지 않은 선사는 깊은 산으로 들어가 율무 염주를 만들어 목에 걸고 풀잎을 좌복으로 삼아 가부좌를 틀고 그대로 입적한 일이 있었다. 몇 년 후, 또 한사람의 운수(雲水)가 그곳을 찾았을 때 육신은 썩어서 흙이 되었고 목에 걸었던 염주는 율무꽃으로 피어 있었음을 목격했다고 한다.

　누구나 근원으로 돌아갔을 때 영원을 살 수 있다. 그래서 일본 어떤 황후(皇后)는 자신이 죽거든 산에 버려 굶주린 산짐승들의 요깃거리가 되게 해달라고 유언을 한 일이 있다.

　그리고 몇 년 전 범어사 덕상스님은 세수 80이 되었을 때 대중들에게 자신이 없어지면 찾지 말라고 당부를 했다. 며칠이 지나 노스님은 자취를 감추고 말았다. 그때서야 대중스님들은 행방을 찾았지만 끝내 거처를 알 수 없었다. 3개월이 지난 어느 날, 금정산 미륵암이 있는 바위 위에서 그 시신이 발견되었다.

　신발을 가지런히 정돈해 놓고 그는 마치 죽음보다 깊은 잠을 자고 있는 것처럼 입적해 있었다. 비록 육신은 반쯤 부패해 있었으나 마치 육신을 헌옷 버리듯 버리고 있었다. 육신을 버리는 자유가 만든 적멸이었다.

  육신에 집착이 많은 사람일수록 적멸의 자유를 외면한다. 그렇다고 사람의 가치가 호화스러운 장례를 치른다고 달라지는 것은 아니다. 오히려 겉치레가 사치하고 호화스러울수록 시은을 빚지게 된다는 것을 알아야 한다. 육신이 비록 영혼을 담고 있는 집이고 신령스런 자성을 머물게 하는 거처일지라도 그것은 언젠가 소멸해 버릴 가아(假我)이다. 그래서 수행인들은 육신을 홀대한다.

걷다가 입적하는 자유

사람도 물도 오랫동안 한곳에 머물러 있으면 썩기 마련이다. 인생은 강물처럼 흘러야 새로운 만남을 체험할 수 있다. 고정된 틀로써는 전체를 보는 시야가 좁아지고 고집을 갖게 되면 본질을 직관하는 시력이 약해진다. 왜냐하면 고집은 정신적인 군살이기 때문이다. 사람에게 떠남이 있다는 것은 하나의 구원이라고 할 수 있다.

****

　가을이 깊어지면서 낙엽 떨어지는 숫자가 많아지고 들녘에는 빈 자리가 넓어지고 있다. 머물던 것이 떠나고 소멸해 버린 자리에는 공적(空寂)만이 남아 있다. 여름 한철 멀리 보이던 산도 성큼 다가서고 조금씩 야위어 있음을 발견할 수 있다. 가을은 낙엽을 조락시킨 후 산뼈를 드러내고 있다.
　나이가 육십이 가까워지자 뼈마디가 흔들거리고 살점이 빠져 나가고 있다. 생명의 피가 어디론가 빠져 나가고 있는 것이다. 젊었을 때는 삶이 지루하고 고통스럽던 것이 살아온 자취를 되돌아보니 하룻밤 꿈을 꾼 것 같다. 남아 있는 인생이 겨울해처럼 작아진 것 같다. 삶에 집착해 있을 때는 부질없고 덧없다는 생각이 들지 않더니 이제야 구하고 버린다는 것이 자신을 얽매고 더럽힌다는 것을 알 수 있을 것 같다. 그래서 서산(西山)스님은 "구하면 반드시 고통이 일어난다. 많은 일보다 차라리 일 없는 것만 못 하다"고 했다. 그리고 임제스님은 "아무 일도 없고 일에 얽매이지 않는 사람이 진실로 귀한 사람(無事眞貴人)"이라고 했다.
　누구나 할 것 없이 욕망에 사로잡히면 비좁은 골방에 갇힌 것처럼 정신의 소재를 잃을 수 있다. 집착을 버릴 때 작은 것으로도 만족할 수 있다. 따지고 보면 이 세상에 제 것이란 없다. 왜냐하면 제 몸도 제 것이 아닌데 날로 변하고 소멸해 버릴 재물이 제 것일 수 있겠는가.

나는 그동안 많은 것에 집착해 있었다. 그렇다고 특별히 소유하고 싶은 것이 있었던 것도 아니었다. 그러나 집착 때문에 나 자신이 더럽혀져 있었고 그것은 끝내 허물이 되었다. 이제 그 허물을 벗어 버리고 본체로 돌아가는 일만 남아 있다.

부처님 제자 승가란제(僧伽難題)는 어려서 출가하여 타고난 달변으로 모든 사람에게 감동을 주었다. 그는 신도들이 시물(施物)을 주면 받았다가 걸식을 할 때 가난한 사람들에게 나누어 주었다. 제자가 절에 보태 쓰지 않고 왜 신도들에게 나누어 주느냐고 투정을 부리자 말했다.

"물건에 탐착하면 소중한 자신을 잃게 된다. 마음속에 애착이 있으면 좋고 나쁨을 가리게 되고 중생을 차별하게 된다. 신도들에게 베푸는 물건에 탐착치 말고 욕망 하나를 버린다고 생각하라."

그는 일생 동안 소유하지 않았고 나누어 주는 일로 즐거움을 삼았다. 그리고 많은 재산을 보면 얼굴을 돌리고 마음이 흔들리지 않도록 마음을 바로 잡았다.

늙어서 몸이 쇠약해지고 병이 들자 제자들이 약을 들고 왔다. 하지만 그는 살 만큼 살았다고 제자를 설득하며 끝내 약을 거절했다.

제자 한 사람이 스님 곁을 떠나가지 않고 병상을 지키자 말했다.

"몸에 병이 없기를 바라지 말라. 몸에 병이 없으면 탐욕이 생기기 쉽다. 병으로 인해 일어난 고통으로 화두를 삼으라."

말을 마친 후 자리에서 벌떡 일어나 오늘 떠나야겠다고 신발을 신고 뜰앞을 거닐었다. 마치 산책하는 사람처럼 여유가 있었다. 누가 보아도 임종을 맞고 있는 사람처럼 보이지 않았다. 한참 동안 뜰을 거닐다가 발걸음을 멈추고 나뭇가지를 잡고 그대로 입적해 버렸다. 마치 살아 있는 사람이 나뭇잎을 만지는 것 같았다. 육신에 탐착하지 않은 자유가 입적을 통해 실현되었다. 죽음도 이처럼 입체적으로 표현될 때 즐거움이 될 수 있다.

※

가을 달빛은 유난히 밝고 하늘에서 내려와 내 머리 위에 떠 있는 것 같다. 달빛을 쳐다보고 있노라면 이마가 시리다. 달빛은 산숲을 헤치고 울타리를 월담하여 창가에 머물러 있다가 사라진다.

새벽에 창문을 열면 달빛의 잔해를 볼 수 있다.

나이가 들수록 잠이 적어지고 생각하는 시간이 길어진다. 그만큼 육신이 쇠약해지고 있다는 증거다. 그렇다고 생각에 얽매일 수는 없다. 되도록이면 마음속에 남아 있는 생각을 비우고 자연을 보고 듣는 쪽에 시간을 보다 많이 할애하고 있다.

창문을 열면 방안에 있던 고요와 침묵은 빠져 나가고 맑은 바람과 물소리가 방안을 가득 메운다. 나는 갑자기 부자가 된 것처럼 지금까지 느껴보지 못한 넉넉함과 희열에 빠진다. 어찌 맑은 바람과 공기 그리고 물소리가 재산이냐고 추궁할 사람이 있겠지만 도시 사람들은 맑은 공기와 물소리를 듣기 위해 몇백 리를 달려가서 지친 몸으로 맑은 공기를 맛보고 있지 않은가. 맑은 공기는 마음의 때를 씻어 주고 물소리는 가슴을 씻어 내면의 통로를 열어주고 있으니 이보다 더 좋은 청복(淸福)이 있을 수 있겠는가. 재물이란 관리하고 지키려고 노력하다 보면 재앙이 찾아들기 쉽고 욕망이 개입되어 화근을 부를 수 있지만 맑은 공기와 물소리에 어찌 세속적 재앙과 화근이 침입할 수 있겠는가. 그래서 청복이라고 한 것이다. 그렇다고 맑은 공기와 물소리를 소유할 수 있는 것도 아니다. 보고 듣는 지혜만 있으면 즐길 수 있다.

사람들의 괴로움은 소유욕에서 출발한다. 보다 값진 물건과 보배를 지니려고 할 때 고통은 찾아오기 마련이다.

사람들에게는 소유욕은 있어도 자연을 그대로 보고 듣는 지혜가 없다. 그래서 자연이 자신의 삶으로 연결되지 못한다. 산을 오랫동안 보고 있으면 그 속에 사람이 지니고 있는 오묘한 질서가 있음을 발견할 수 있다. 봄이면 새로운 생명이 탄생되는 섭리가 있는가 하면 꽃을 피우고 성장을 거듭하는 발육의 섭리가 있음을 깨달을 수 있다. 여름이 지나고 가을이 되면 수액은 나무에서 빠져 나와 흙으로 돌아가고 나뭇잎은 곱게 물들어 단풍이 되고 다시 조락(凋落)하기 시작한다. 낙엽이 낙하하는 질서 속에서 사람은 인생의 어둠과 떠남을 배우고 깨달을 수 있다. 그리고 살아온 모습을 되돌아보는 반조(返照)의 슬기를 배울 수 있다. 이것이 자연에서 체득할 수 있는 지혜다.

사람도 물도 오랫동안 한곳에 머물러 있으면 썩기 마련이다. 인생은 강물처럼 흘러야 새로운 만남을 체험할 수 있다. 고정된 틀로써는 전체를 보는 시야가 좁아지고 고집을 갖게 되면 본질을 직관하는 시력이 약해진다. 왜냐하면 고집은 정신적인 군살이기 때문이다.

사람에게 떠남이 있다는 것은 하나의 구원이라고 할 수 있다.

사람은 각기 개성이 다르고 익히고 배운 지식이 다르다. 그래서 자기를 제외한 모든 사람은 새로운 선지식이다. 자신을 비추어 볼 수 있는 것은 사람만큼 좋은 선지식이 없다. 직업의 귀천과 사회적 지위의 높고 낮음은 따지지 말고 그들의 삶을 통해 인간정신이 발현되고 있음을 배울 수 있기 때문에 선지식이라고 한 것이다.

《화엄경》 입법계품을 보면 선재동자는 53선지식을 만나 깨침을 이루고 체험하기 위해 여행을 시작한다. 선재동자에게 여행은 떠남이다. 선재가 떠남을 통해 만난 사람들은 각양각색의 직업을 가진 사람들이었다. 다양한 직업과 신분을 가진 사람들이 선재동자에게는 선지식이었다. 그 가운데는 스님도 있고 높은 직위를 가진 벼슬아치도 있고 뱃사공, 술을 파는 주모, 고기잡는 어부와 몸을 파는 창녀도 있었다.

선재동자는 다양한 직업을 가진 사람들을 통해 사람의 향기를 맡을 수 있었고 그들이 만들어가는 삶을 통해 지혜와 인간의 면목을 깨달을 수 있었다. 그래서 선재동자의 53선지식 친견은 전인적(全人的) 삶의 배움이고, 깨달음이라고 할 수 있다.

불교에서는 떠남을 만행(萬行)이라고 한다. 보살의 지위에 있는 사람들은 만행을 통해 육바라밀을 실천하고 완성하도록 강조하고 있다.

만행은 다양한 삶의 체험이고 뭇중생의 삶과 몸을 섞는 일이다. 그래서 중생을 제도하기 위해서는 중생의 고통을 제 몸에 담아 보아야 한다고 누군가 말한 일이 있다. 어떤 방법으로도 민중의 고통을 제 몸에 담지 않고 글을 쓰거나 설교를 하는 자는 모두 위선자라고 말이다.

꽃을 피우는 나무도 그 품성에 따라 빛깔이 다르고 향기가 다르다. 다양한 삶 속에는 그 나름의 인생의 향기가 있고 애환이 있다.

중생을 제도하겠다는 서원을 세운 수행자가 사람 냄새가 나지 않는다면 그만큼 큰 불행은 없다. 따지고 보면 깨침이란 사람되는 방법을 아는 일이고 심성을 자각하는 행위다. 수행하는 사람에게 아집과 독선만 있고 앎에 집착만 있다면 어찌 사람들을 따뜻하게 하는 정신을 기대할 수 있겠는가. 그래서 만행을 통해 뭇중생의 억울함과 고통을 제 몸에 담아 보라 한 것이다.

중국의 도신(道信)선사는 정신과 육신의 자유로움을 알기 위해 출가한 분이다.

그는 스승 승찬선사를 찾아 자신을 자유롭게 해 달라고 했다.
승찬은 반문했다.
"누가 자네를 묶어 놓았나."
"저를 묶은 사람은 아무도 없습니다."
도신은 솔직히 대답했다.
"그렇다면 무엇 때문에 해탈을 구하려 하는가."
스승의 말에 도신은 크게 깨닫고 다시 의심하지 않았다. 도신에게 법을 전한 승찬은 불후의 명저인 《신심명(信心銘)》을 남긴 분이다.

밖으로 인연을 좇지 말며
안으로 헛것 속에 머물지 말지니라
사물과 하나되어 생각이 평온해지면
장애는 물 잦듯이 사라질 지니라.

해탈을 얻은 도신은 조실이나 방장 직위에 나아가지 않고 피나는 정진을 계속했다. 그는 죽을 때까지 눕지 않겠다고 스스로 서원을 세웠다. 참으로 무섭고 전율을 느낄 만한 집념이 아닐 수 없다.
승찬선사의 법을 이어받고 그는 눕는 일을 포기해 버렸다. 한번 가부좌를 틀고 앉으면 얼마나 정진이 오래 계속되었는지 엉덩이에 살이 빠져 나가고 고름이 고여도 눕지 않았다고 한다. 이렇게 시작한 장좌불와(長坐不臥)는 60년 동안 계속되었다고 《전등록》은 전하고 있다.

용맹정진과 장좌불와가 도신선사에게서 비롯됐다고 할 만큼 그는 마음을 걷어잡고 졸지 않으며 겨드랑이를 방바닥에 대지 않았다.

도신의 이러한 수행은 많은 사람들에게 감동을 주었고 태종(太宗)이 그를 흠모하여 친견하고 싶어 조서(詔書)를 내려 왕궁으로 초청하고자 했으나 그때마다 거절하고 사양했다. 그는 권력과 피지배자의 위치를 초탈해 있었고 권력이 있는 곳에 발길을 옮기고 싶지 않았다.

태종은 네 번째 이르러 사자(使者)에게 명령했다.

"만약 자리에서 일어나지 않거든 목을 베어 오도록 하라."

임금의 어명을 따르지 않은 죄로 그는 목숨을 유지하기 어렵게 되었다. 그러나 마음에 두려움이 있거나 피신하고 싶은 생각이 없었다.

사자(使者)는 칙서를 들고 도신을 방문하여 임금의 명령을 전했다. 칙서를 읽고 난 그는 칼을 들고 있는 사자 곁으로 가 목을 내밀고 치도록 재촉했다.

용무생사(用無生死)의 결연한 자세 앞에 사자는 끝내 목을 치지 못하고 칼을 거두어 왕궁으로 되돌아가 장계(狀啓)로 그 사실을 보고했다. 태종은 더욱 감동하고 도신을 흠모하여 도신의 가고자 하는 길에 누구도 방해하지 말라고 어명을 내렸다.

그는 임종에 이르자 말수를 줄였다. 보고 듣는 것만으로도 만족하는 모습이었다. 그리고 그의 얼굴 표정에는 구하는 것도 버리는 것도 보이지 않았다.

  제자들에게 마음이나 언어로 살아있는 생명에게 상처를 주지 말라고 했다. 불상유정(不傷有情)의 도리를 깨우쳐 주었던 것이다.

  일생을 눕지 않았으니 그는 임종 때도 앉아서 눈을 감았다. 그런데 이승을 떠난 그의 시신에서 향기가 배어났다. 제자들은 신기하여 화장을 하지 않고 석실(石室)을 만들어 장례를 치렀다.

  이듬해 문도들이 화장하고자 모였다. 4월 8일 탑의 문이 저절로 열렸다. 도신의 시신은 썩지 않고 산 사람처럼 손톱이 자랐고 수염이 자라 있었다. 60년 장좌불와가 나고 죽지 않은 사람의 향기를 만든 것이다.

✽

  어둠이 걷히면 새들이 울기 시작한다. 각기 다른 음색으로 그들만이 알아들을 수 있는 노래를 만든다. 숲속에서 우는 새소리를 듣기 위해서는 주위에 소음이 없어야 한다. 만약 이 사이에 사람의 말이 끼어들고 떠들어대면 새들의 음악소리를 들을 수 없다. 새들은 아침 해가 떠오르기 전까지 울다가 떠나버린다. 사람에 비유하면 해야 할 말만 하고 침묵하는 것이다.

  사람의 말이 소음이 되어 버릴 때는 침묵이 밑받침이 되어 있지 않기 때문이다.

요즈음 깨닫는 일이지만 말을 적게 해야 되겠다는 생각을 한다. 그동안 사람에게 도움이 될 말을 그렇게 많이 한 것 같지 않다. 때로는 분노에 사로잡혀 칼날 선 말을 했고 자기 주장을 합리화하다가 자신도 모르게 거짓말도 많이 한 것 같다. 거기다가 남의 허물까지 말한 것을 포함하면 구업의 넓이는 헤아릴 수 없다. 부처님도 말을 많이 한 사람에게는 다섯 가지 허물이 있다고 했다. 남들이 그 사람의 말을 믿지 않고 받아들이지 않고, 그 사람이 설하는 가르침을 받아들이지 않고, 남의 미움을 사게 되고, 거짓말이 많게 되며, 남들과 싸우게 한다고 했다.

말에는 반드시 신뢰가 있어야 하고 사랑이 담겨 있어야 진실한 애어(愛語)가 될 수 있다. 특히 말품을 팔고 사는 전문직 법사를 볼 때마다 나는 때로 부러울 때가 있다. 남에게 전해줄 이야기와 해야 할 말이 저토록 많은가를 생각할 때 약간의 질투가 날 때도 있었다.

그러나 불교TV를 보고는 실망을 금할 때도 있었다. 설법을 하는 스님들의 이야기를 듣고 있노라면 교리를 말하는 것인지 인생 체험담을 말하는 것인지 분간을 할 수가 없고 어떤 스님은 마치 무속인이 되어 맹신을 강조하고 있는 것을 보고 있으면 입이 재앙의 문이라는 것을 다시 한번 깨달을 때가 있었다.

모든 재앙은 입에서부터 시작된다. 그렇기 때문에 함부로 입을 놀리거나 원망하는 말을 해서는 안 된다. 그래서 입은 몸을 치는 도끼요, 몸을 찌르는 칼날이라고 했다. 입을 오랫동안 열고 있으면 몸 속에 있는 신기로운 기운이 빠져 나가고 입을 열어 말을 하게 되면 일을 그르치게 된다. 왜냐하면 진리는 말을 떠나 있기 때문이다.

 진리에서 나오는 말이 아니면 소음이 된다. 그것을 죽은 말〔死句〕이라고 했다. 산 말에서 나고 죽음을 벗어나면 부처나 조사와 더불어 스승이 될 것이고 죽은 말에서 해탈을 구하려고 한다면 제 자신도 구제하지 못할 것이다. 살아 있는 말은 영혼의 창문을 열게 한다. 그리고 신령스런 심성(心性)을 드러나게 하고 감동을 불러 일으킨다. 그러나 죽은 말은 분별을 일으키고 사람들의 마음에 상처를 남게 한다.

❁

 도신(道信)을 제도한 승찬선사는 나이 40이 넘어 출가했다. 늦깎이인 셈이다. 그리고 그는 문둥병을 앓고 있는 환자였다. 얼굴과 손발이 불어터지고 고름이 흘렀다. 육신이 한없이 고통스럽고 거추장스런 물체임을 누구보다 깊이 깨닫고 있었다. 육신을 갈기갈기 찢어서 팽개치고 싶은 욕망이 하루에도 수십 번 엄습했다. 그는 혜가선사를 찾았다. 육신의 고통에서 벗어날 수 있는 길을 찾기 위해서였다.

 "저는 문둥병을 앓고 있습니다. 스님께서 저의 죄를 참회시켜 주십시오."

"그대의 죄를 가져오너라. 죄를 참회시켜 주겠다."
"죄를 찾아 보아도 찾을 수가 없습니다."
"그렇다면 그대의 죄는 모두 참회되었느니라."

비로소 승찬은 본래 죄가 없음을 깨달을 수 있었다. 깨달음을 얻고부터 문둥병은 그의 몸에서 서서히 사라졌다.

그는 혜가를 시봉하면서 다시는 부처님을 의심하지 않았다. 그러나 그의 머리카락은 자라지 않았다. 문둥병을 앓은 후유증 때문이었다.

그는 자신이 쓴 《신심명(信心銘)》에서 다음과 같이 말했다.

"지극한 도는 어렵지 않다. 다만 간택을 싫어할 뿐이다. 미워하고 사랑하지 않으면 통연히 명백할 것이다."
"말이 많고 생각이 많으면 진리에서 멀어진다."
"근본으로 돌아가면 뜻을 얻겠지만 경계를 따르면 본분을 잃게 된다."
"집착하면 법도를 잃게 되니 반드시 삿된 길로 들어서게 된다."

그는 집착을 싫어했다. 집착을 하게 되면 자성을 잃고 삿된 길로 들어서게 된다고 했다. 그리고 말이 많고 생각이 많으면 본분을 잃는다고 했다.

승찬은 법회를 마치고 방안에서 쉬다가 자신이 떠날 때가 되었음을 깨달았다. 병을 앓고 있었던 것도 아니었다. 다만 육신을 버릴 때임을 알고 있었다. 자성이 본질에 도달하여 해탈의 자유를 체득하고 있었기 때문에 이승에 머물 미련이 없었다. 그렇다고 제자들에게 입적에 들겠다고 말하고 싶지 않았다. 그는 자리에서 일어나 창문을 열고 밖으로 나와 뜰을 거닐다가 나뭇가지를 잡고 임종하였다. 법신은 홀로 어디로 걸어가고 육신만 나뭇가지를 붙잡고 있는 것 같았다. 삶과 죽음을 완성하면 몸과 마음에서 저토록 아름다운 자유를 풀어낼 수 있단 말인가.

제자들이 뜰앞을 지나다가 스님의 모습을 보고 스님이 오랫동안 명상에 잠겨 있다고 생각했다. 그의 입적은 그만큼 자연스러웠다. 무념무상 속에서 이루어진 입적이었기에 마치 살아있는 모습과 다를 바가 없었다. 나무를 잡고 입적한 스님은 바람이 지나가도 쓰러지지 않았다. 나무를 잡고 스님이 입적에 들었다는 것은 시간이 많이 흐른 후에 제자들은 알 수 있었다.

9세기경 설두중현선사는 제자들을 모아 놓고 유게(遺偈)하기를, "내가 한평생 말을 많이 한 것이 큰 허물이라"고 말한 후 입적했다.

자신이 해놓은 말에 속박당할 수가 있다. 그래서 말을 적게 할수록 침묵이 깊어지고 영적 교감은 이루어진다.

내 뼈와 살을 숲속에 버려라

육신이 불에 타 흙으로 돌아가 근원이 된다
흙으로 돌아가 나는 다시 돌이 되어 태어나고
혼을 키우는 그릇 속에서
천년을 산다
죽는 것이 어찌 즐거움이 되겠는가
삶도 죽음도 적멸이 되어야 즐거움이 되는 것을
부도는 안으로 적멸을 키우면서
천년을 살고 있다.

- 拙詩

****

아침부터 비가 내린다. 나뭇잎이 싱그럽게 보이고 마음이 다른 때보다 훨씬 단정되어진 기분이다. 마음이란 현실에 이끌리지 않으면 맑은 호수처럼 맑고 신령스럽다. 그러나 밖의 경계에 휩쓸려 집착하다 보면 이리 쏠리고 저리 쏠리기 마련이다. 거기다가 기분 나쁜 소식을 듣거나 비난을 듣게 되면 마음은 혼란에 빠지고 만다. 그렇다고 마음이 형상이 있어 볼 수도 없고 형상이 없기 때문에 붙잡아 둘 수도 없다.

《보적경(寶積經)》에 말한 것처럼 마음은 그림 그리는 사람과 같아 온갖 모양을 나타내고 있을 뿐 아니라 존경과 분노에 의해 끝없이 흔들리고 만다.

서산(西山)스님은 마음에 분노가 일면 백만 가지 장애가 일어난다고 했다. 실제로 마음은 때에 따라 성자의 근본도 되지만 온갖 죄악을 만드는 원천이 되기도 한다.

"마음이여, 알 수 없구나. 너그러울 때는 온 세상을 다 받아들이는 여유가 있다가 옹졸해지면 바늘 하나 꽂을 자리도 용납하지 않으니 말이다."

마음의 신령스러운 근원을 깨달은 사람일수록 집착을 멀리하고 삶과 죽음을 분리하여 살지 않았다. 살 때에는 삶의 근원대로 살고 죽을 때는 죽음에 철저하며 나고 죽음에 집착하지 않는 자유를 드러낸다.

삶을 완전하게 그리고 아름답게 살지 않으면 죽음에 이르러 자유스럽지 못하다. 거기다가 육신의 고통에 자기를 잃다 보면 생과 사의 굴레를 훌훌 털고 일어설 수 없다. 그리고 여기에는 반드시 삶의 허무를 초극해야 하고 육신을 헌 누더기 한 벌과 다름없다는 생각을 해야 법신의 삶을 새로이 시작할 수 있다.

죽는 모습을 입체적 모습으로 자유스럽게 연출할 수 있는 것은 삶과 죽음이 완성되어 있기 때문에 가능하다.

중국 등은봉(鄧隱峰)선사는 자기 임종을 마치 장난치듯 연출한 대표적 선사이다. 앉아서 혹은 서서 돌아가신 스님들이 누구냐고 물은 후 운동선수처럼 물구나무를 서서 입적한 선사이다. 이런 죽음 앞에 슬픔이란 있을 수 없다. 오히려 죽음도 미학(美學)이 될 수 있음을 깨달을 뿐이다.

임제(臨濟)선사와 동시대에 살았던 보화(普化)스님은 자신의 입적(入寂)을 드라마틱하게 연출한 분이다. 그는 어느 날 대중들에게 옷 한 벌을 해 달라고 주문했다. 보화스님의 깊은 뜻을 헤아리지 못한 대중들은 새옷을 마련하여 주었지만 그때마다 보화는 이 옷은 내가 입고 갈 옷이 아니라고 받지 않았다.

이 소식을 전해 들은 임제는 관(棺)을 준비토록 했고 보화를 불러 자네가 찾고 있던 옷 한 벌을 마련했다며 그에게 주었다. 그때야 보화는 만면에 웃음을 머금고 임제스님이 나에게 이렇게 훌륭한 옷을 주었다며 관을 메고 덩실덩실 춤을 추었다고 한다.

죽음의 입체화(立體化)는 곧 해탈의 자유이다. 그리고 옷 한 벌 달라고 한 보화의 청을 우리가 일상적인 옷으로 받아들인 것은 본질을 직관하는 안목이 없음을 자인한 것이다.

육신을 종이처럼 구겨서 손아귀에 넣었다가 다시 펴듯 보화스님은 육신을 통해 적멸의 자유가 무엇인가를 극명하게 설명하고 있다.

따지고 보면 죽는 일도 영원한 회귀(回歸)의 눈으로 보면 삶의 한 과정이다. 얽매임에서 벗어나 자유를 누린 선사일수록 육신이 썩고 소멸할 가아(假我)임을 철저히 인식하고 있다.

중국 법지(法持)선사가 남긴 유언은 매우 잔인할 정도로 전율을 느끼게 한다. 육신을 이처럼 홀대하고 여유있게 버릴 수 있을까. 그의 해탈적 자유 앞에 내 자신이 왜소해진다.

법지선사는 일생 동안 아무것도 소유하지 않았고 물건이 있으면 남에게 그 즉시 베풀었다. 밭에 나가 일을 하다가도 거름뭉치를 보면 제자들에게 우리 육신도 저 거름뭉치와 다를 바가 없다고 깨우쳐 주었다. 그리고 이 육신을 버린 것을 가지고 영결식, 다비식을 치른다고 사람들을 번거롭게 할 필요가 없다고 강조했다.

그는 제자인 지위(智威)에게 법을 전하고 유언하기를, "내가 죽거든 시체를 소나무 밑에 드러내놓아 새와 짐승들의 먹이가 되도록 하라" 하고 앉아서 입적했다. 선사가 세상을 하직하던 날 오색 무지개가 몇 차례 폈다가 사라졌고 머물던 요사채 앞 대숲은 7일 동안이나 흰빛으로 변했다. 이 넉넉한 자유 앞에 육신은 참으로 초라하고 짐승들의 요깃거리에 불과함을 깨닫게 하고 있다.

죽음을 입체적으로 표현한 것은 생사의 얽매임에서 벗어나는 자유가 없이는 불가능하다.

늙어서 병든 사람들을 보면 육체의 고통에서 벗어나지 못해 괴로워하는 사람들이 많다.

조선조 당시 벽송지엄선사의 수제자였던 일선(一禪)스님도 제자들에게 "내가 죽거든 산에 내다버려 짐승들이 뜯어먹게 하라"고 당부했다. 조촐한 장례식마저도 거부했고 화장(火葬)하는 것도 허락하지 않았다.

육신에 욕망을 담지 않고 오직 무소유를 실천한 수행자일수록 열반의 미학을 만들었다.

일생 동안 장작을 패면서 수행한 고한희언선사의 임종게는 호화스런 장례를 치른 수행자들에게 준엄한 경고 메시지와 같다. 스스로 일생 동안 살았던 결과가 지옥 찌꺼기만 만들었다고 고백한 정직함에 전율마저 느낄 수 있다.

  공연히 이 세상에 와서
  지옥의 찌꺼기만 남겨 놓고 가네
  내 뼈와 살을 저 숲속에 버려 두어
  산 짐승들 먹이가 되도록 하라.
  空來世上　特作地獄滓矣
  命布骸林麓以飼鳥獸

  자신의 살점을 뜯어서 짐승들에게 먹이로 주고 있는 사람처럼 여유가 있고 죽음을 어디 낯선 자리에다 팽개쳐버린 사람처럼 자유스럽다.
  누구나 삶에 집착하지 않을 때 풍요를 누릴 수 있다. 삶이 풍요롭기 때문에 죽음이 이토록 아름다워질 수 있는 것이다.
  사람에게 죽음이 있다는 것은 참으로 다행스러운 일이다. 만약 죽음이 없었다면 인간은 지금보다 잔인하고 방자했을 것이다.
  수행력이 깊은 선사일수록 임종에 다다르면 여행을 떠나는 사람처럼 준비를 한다. 그리고 자신이 살아온 뒷모습을 보고 반성한다. 생에 대한 집착이 없기 때문에 삶에 미련이 없고 죽음에 대한 두려움이 없기 때문에 육신을 헌옷처럼 벗고 근원으로 돌아가 자유스러워지는 것이다. 특히 육신을 산짐승들의 먹이가 되게 하라고 유언을 남긴 수행자들은 육신은 홀로 남겨 놓고 자유로이 근원을 향해 걸어가고 있는 것 같은 분위기를 떠올리게 하고 있다. 남겨 놓은 육신을 힐끗힐끗 쳐다보다 짐승들이 그것을 먹고 있는지 확인하고 있는 것 같아 조금은 섬짓한 기분마저 든다.

나이가 들수록 육신이 얼마나 거추장스럽고 괴로움의 덩어리인가 철저히 깨닫는다. 그런데 그러한 육신을 자유스럽게 던져버린 해탈의 자유 앞에 고개가 숙여진다. 그리고 근원으로 돌아간다고 철저히 자각하고 있기 때문에 육신은 마치 혼이 빠져나간 빈 껍데기같이 느껴질 뿐이다.

❈

밤이 깊어지자 아침에 깊은 골짜기를 타고 올라갔던 어둠이 다시 내려와 자리를 잡고 있다. 새들은 잠이 들었는지 숲속도 적막하다.

달빛이 숲 사이로 빠져서 창가에 머문다. 이럴 때는 방안에 불빛이 있는 것이 분위기를 망가뜨릴 수 있다. 불을 끄고 앉았노라면 바람은 살금살금 나뭇잎을 간지럼을 타게 하면 즐거워서 넘슬넘슬 춤을 춘다.

나뭇잎이 흔들리는 것이 달빛에 몸을 섞어 마치 잔잔한 바다에 파도가 일어 산 정상을 향해 몰려가는 것 같다. 달빛은 붉은 단풍을 창가에 새로운 문양으로 각인시키고 있다. 바람에 낙엽이 쏟아지면 가슴에 쌓였던 통곡이 쏟아질 것같다.

 며칠 전부터 절 입구에 있는 비림(碑林:부도가 모여 있는 곳)을 찾는 일이 잦아졌다. 부도(浮屠) 옆에 오랫동안 서 있다가 돌아오는 경우도 있었고 앉아서 부도를 바라보다가 발길을 옮기는 일도 있었다. 부도는 스님들이 죽어서 화장을 하면 습골(拾骨)을 통해 사리(舍利)나 뼛가루를 봉안한 도구이다. 일종의 무덤이라고 할 수 있다. 스님이 죽으면 한 평 무덤이 없다는 말이 헛말인 것 같다.

 그렇다고 스님들이 죽으면 다 부도를 만드는 것은 아니다. 시신(屍身)을 산짐승들의 먹이가 되도록 하라는 유언을 남긴 수행자일수록 부도나 비(碑)를 만들지 말라고 유언을 했다. 그리고 서산(西山)스님은 '비(碑)를 만들지 말라. 길가는 행인의 입보다 못하다'고 지적한 일이 있다. 자신이 살았던 흔적을 남기지 않으려는 것이 수행자의 깊은 뜻이었다.

 부도 곁에 앉아 있으면 저절로 죽음이 생각난다. 내 육신이 불에 타 한줌 재가 되어 부도 속에 묻힌다는 생각을 하니 내 존재가 초라하기 짝이 없다. 부도는 한줌의 뼛가루를 담는 그릇에 불과하다. 육신의 잔해를 담는 그릇에 불과하다면 부도를 만들 필요가 없을 것 같다. 그러나 부도는 혼을 담는 그릇으로 내 곁에 서 있다. 몇백 년을 지나고 또 천년을 지나도 이 자리에 서 있을 것이다.

육신이 불에 타 흙으로 돌아가 근원이 된다
흙으로 돌아가 나는 다시 돌이 되어 태어나고
혼을 키우는 그릇 속에서
천년을 산다
죽는 것이 어찌 즐거움이 되겠는가
삶도 죽음도 적멸이 되어야 즐거움이 되는 것을
부도는 안으로 적멸을 키우면서
천년을 살고 있다.

-拙詩

혼을 담는 그릇

죽는 것은 근원으로 돌아가는 일이요, 자기귀환(自己歸還)이다. 다만 자성을 깨달을 때 나고 죽음에서 벗어날 수 있고 열반은 생멸이 없는 법신을 탄생시킬 수 있다. 계율은 지키되 계율로 그대 자신을 구속하지 말라. 계율로 그대 자신을 구속한다면 계율은 멍에가 될 것이다.

****

　나는 지난 해부터 내 주변을 정리하기로 결심했다. 그동안 몇 권의 책을 전집(全集)으로 묶고 나를 떠돌게 했던 서울생활도 청산키로 했다. 참으로 서울생활은 풍진(風塵)이었다. 20년간 머물렀던 곳을 막상 떠나려고 하니 남는 것은 바람과 먼지뿐이었다. 그리고 허물이 내 삶의 부피가 되어 있었다. 그렇다고 아쉬움이 남는 것도 아니었다. 서울을 떠나겠다고 생각한 후 나는 나와 불필요한 인연을 끊고 되도록 이면 집착에서 벗어나 자유스러워지고 노력했다. 스스로 운수(雲水)가 되기로 마음먹고 나니 홀가분했다.

　그리고 옛 조사(祖師)들처럼 죽기 전에 자작제문(自作祭文)을 짓듯 내 자신에 대한 비문(碑文)과 부도를 만들기로 계획을 세웠다. 그래서 부도 곁에 오랫동안 앉아 내 혼을 키울 그릇을 생각하고 다시 돌 속에서 천 년을 산다는 생각을 한 것이다.

　부도를 볼 때마다 생각하는 것인데 삶이 얼마나 밝고 깨끗했기에 죽음을 담는 그릇이 저토록 아름답고 넉넉할 수 있을까. 그러나 중관(中觀)선사는 나와 같은 사치스런 생각을 하고 있는 사람들을 책망하듯 부도에 관계되는 다음과 같은 글을 남기고 있다. 이 글을 몇 번 읽으면서 내 좁은 소견을 한없이 책망하기도 했다.

푸른 절벽을 마구 헐고 깎았으니
천연스런 본성은 망가지고 말았네
숲의 새들은 자주 놀라고 내 눈 속에 티끌만 한점 더했네
깨달음이 이 돌덩이와 무슨 관계가 있으며
신령스러움이 어찌 사람에게만 국한되리
이 산하대지가 그대로 법신인 것을!

— 中觀

중국 혜안(慧安)국사는 신수(神秀)와 함께 혜능을 측천무후에게 국사로 추천한 유명한 일화를 갖고 계신 분이다. 그는 한때 혜능의 천재적 재능과 신수의 성실하고 뛰어난 덕화 때문에 그의 수행력은 드러나지 않았다. 그렇다고 혜능과 신수를 비판하거나 부정하지 않았다. 오히려 혜안은 처음부터 혜능과 신수와 다른 개성이 있었고 수행 방법도 달랐다. 비록 혜능과는 친밀한 유대관계를 유지하지는 않았으나 신수와는 인간관계를 돈독히 했고 혜능을 존경하면서 신수와 함께 혜능을 국사로 추천했다. 여기서 우리가 주목할 대목은 혜능을 국사로 추천하면서 '홍인대사로부터 의법(衣法)을 계승받은 사람'이라고 해 전법조사(傳法祖師)로 인정하고 있는 부분이다. 이것은 신수가 혜

능을 얼마나 높이 존경했던가를 보여준 대목이고 동시에 신수가 얼마나 대방(大方)했던 인물인가를 새롭게 인식케 하는 부분이다.

비록 혜능에 의해 오조홍인(五祖弘忍)으로부터 의법(衣法)을 전수받을 기회가 좌절되었지만 신수는 끝내 혜능을 원망하지 않고 존경과 흠모를 하고 있어 그가 참으로 대방한 성격을 지닌 탁월한 인물임을 인식시키고 있다.

《육조단경(六祖壇經)》의 내용대로 혜능을 평가하면 중국불교사에서 혜능만큼 뛰어난 선사도 없을 뿐 아니라 완벽한 깨침의 위상을 확보하고 있는 수행자도 없다. 그리고 혜능을 뛰어넘은 선사도 없고 중국 모든 선사들이 혜능의 가르침에 영향을 받고 있을 뿐 아니라 스스로 정신적 제자임을 자칭하고 있다. 혜능의 가르침에 어긋난 개오(開悟)는 인정받지 못하고 정통의 적자(適者)가 아니라고 마치 공모나 하듯 논리를 전개하고 있다. 혜능이야말로 중국 선종의 대부(代父)라고 부를 만하다. 누구나 그의 사상을 비판한 사람은 없고 오히려 모방을 일삼는 무리만 득실거릴 뿐이다.

이러한 선종의 분위기에 나도 오랫동안 젖어 있었다. 그런데 몇 달 전 일본 학자가 쓴 《중국선종사》를 읽고부터 머리에 혼란이 일었고 혜능에 대한 의구심이 남게 되었다.

일본 학자는 혜능에게 비판적이었고 마치 흠집을 찾기 위해 노력하는 사람처럼 보였지만 그는 역사적 전거(典據)를 통해 혜능의 카리스

마를 벗기고 있었다. 그렇다고 일본 학자의 비판에 완전하게 동의도 할 수 없고 부정도 할 수 없는 딜레마가 있었다. 일본 학자는 역사적 기록을 통해 우리가 알고 있는 조사어록(祖師語錄) 일부가 조작되고 있음을 지적하고 있었다. 그 내용은 신비에 싸여있는 혜능의 존재에 커다란 상처이고 불명예에 관한 것이었다. 첫째《육조단경》이 혜능이 직접 쓴 어록이 아니고 하택신회(荷澤神會)에 의해 조작되었다고 강력히 주장하고 있기 때문이다. 그리고 혜능은 타고난 천재도 아닐 뿐만 아니라 비범한 인물도 아니었으며 돈점(頓漸)을 주장한 것도 아니라고 지적하고 있다. 사실《육조단경》을 읽은 사람은 누구나 느낀 일이지만 이 경만큼 문학적 구성이 탄탄하고 완벽한 작품도 없다. 거기다가 소설적 재미까지 첨가하고 있을 뿐 아니라 혜능을 위대한 인물로 부각시키고 미화시키기 위한 장치가 경전 군데군데 마련되어 있음을 발견할 수 있으며 이러한 문학적 감흥 때문에 혜능의 위대함을 더욱 돋보이게 하고 있다.

그가 글자를 모르는 무식한 사람이라고 설정한 후 홍인을 만나고부터 법기(法器)로 인정받는 부분이 인위적임을 짙게 풍기게 하고 있다. 그리고 대중들에게 의심받지 않기 위해 방앗간 일을 시킨 부분과 게송(偈頌)을 짓게 하여 경쟁의식을 불러일으켜 문자를 모르는 혜능이 신수의 논리적이고 완벽한 작품을 정면으로 부정케 한 작품을 쓴 배경이 인위적 조작이라고 주장할 만한 부분이다. 그리고 혜능에게

의발(衣鉢)을 전하고 피난을 시키고 혜능은 그후 15년간을 숨어 살도록 하여 그의 존재를 신비에 싸이게 만들고 있다.

나는 그렇다고 일본 학자의 주장을 비판없이 그대로 수용하지는 않는다. 다만 솔직하게 의중을 털어놓는다면 그동안 아무 검증없이 혜능이 위대한 조사라고 생각했던 점이 일본 학자로 인해 흔들리고 있음을 시인하지 않을 수 없다. 그리고 혜능과 달리 신수의 대방한 인품이 나의 뇌리에 새롭게 각인되고 아울러 혜안선사의 수행적 삶이 오히려 나를 새롭게 감동시키는 계기가 되고 있다.

혜안선사는 혜능과 신수에 비해 조금도 손색이 없는 인물인 동시에 한편으로 감동적 삶을 살고 있었음을 그의 행장(行狀)은 전하고 있기 때문이다.

혜안선사는 형주(荊州) 지강(枝江)에서 태어나 출가했다. 타고난 재능과 정진으로 일찍이 여래(如來) 심인(心印)을 깨달아 많은 사람들로부터 존경을 받았다. 그의 덕화가 많은 사람들에게 미치자 수(隋)나라 문제(文帝)는 전국에 있는 화도승(和度僧)을 총괄하는 도총섭 자리를 부여했으나 그는 자격이 없다는 이유를 들어 왕명을 거절하고 깊은 산으로 들어가 숨어 은둔생활을 계속했다. 그러나 홍수가 나 운하가 무너져 수많은 사람들이 집을 잃고 목숨을 잃자 혜안은 두타행(頭陀行)을 하며 시신을 치우고 죽어가는 사람들을 살려내는 데 혼신의 힘을 쏟았다.

수 양제가 그의 덕망을 존경해 몇 차례 불렀으나 나아가지 않았고 그때마다 깊은 산에 숨어 버렸다. 이때 황제가 태화산(太和山)으로 행차하자 혜안은 다 떨어진 누더기를 걸치고 황제를 만나지 않았다. 스스로 자신을 낮추고 권력에 물들지 않기 위해 자기를 은둔시켰다.

당나라 정관(貞觀) 때 잠깐 황매산에 들어가 홍인대사를 뵙고 종남산(終南山)으로 자리를 옮기던 중 고종(高宗)이 몇 차례 사신을 보내 뵙기를 청했으나 늙고 병들었다는 이유로 거절해 버렸다. 왕명을 거절할 때마다 혜안의 덕망은 더욱 돋보였다. 그는 버리는 자유와 걸림없는 삶을 실천하고 있었기 때문에 왕의 초청에는 관심이 없었다. 그는 숭산(崇山) 소림(少林)에 이르러 '여기가 내 생애를 마칠 곳이다' 다짐하고 머물렀다. 이때 대중들이 모여들었고 그 가운데 탄연(坦然)과 회양(懷讓)이 와서 물었다.

"어떤 것이 조사가 서쪽으로 온 뜻입니까?"

"어찌하여 자기 뜻을 묻지 않는가?"

"어떤 것이 자기의 뜻입니까?"

"비밀한 작용을 관찰하라."

"어떤 것이 비밀한 작용입니까?"

대사가 눈을 떴다 감았다가 하여 보이니 탄연은 깨닫고 혜안의 곁을 떠나지 않고 머물렀으나 회양은 인연이 맞지 않아 혜안과 하직을 하고 조계(曹溪)로 갔다. 인연이 계합해야 깨침을 나눌 수 있다.

측천무후(則天武后)는 원래 신수(神秀)를 흠모하고 존경했던 황후이다. 그가 혜안을 존경하게 된 원인은 혜안의 넉넉한 덕성과 걸림없는 수행의 삶 때문이었다고 한다. 왕궁으로 초청하면 왕명을 거부하고 깊은 산으로 은둔했고 권력이 있는 곳은 철저하고 잔인할 만큼 외면하면서 가난한 사람들에게 넉넉함과 자족을 갖게 하는 혜안의 덕성 때문에 좋아했다고 한다.

혜안은 신수와 달리 권력과 가까이하는 일에 참으로 소질이 없었고 적성에 맞지 않았다.

어느 날 측천무후가 나이를 묻자 혜안은 태연히 모르겠다고 대답했다. 어찌하여 기억하지 못하느냐고 추궁하자 그가 말했다.

"생사윤회는 마치 고리와 같고 고리는 시작도 끝도 없거늘 기억해서 무엇하겠습니까. 하물며 이 마음이 쏠리는 중간은 틈이 없거늘 거품이 일어났다 꺼졌다 함을 보는 것은 망상일 뿐입니다."

신룡 2년(706)에 중종(中宗)이 자색가사(袈裟)를 하사하고 제자 27인을 출가시켰으며 이에 궁중에 초청하자 이번에는 거절하지 못하고 고통스런 마음으로 잠깐 머물렀다.

중종이 '미랍가사' 한 벌을 하사하자 혜안은 끝내 거절하고 숭악(崇岳)으로 돌아갔다. 그는 중종의 초청을 끝내 거절치 못한 것을 못내 아쉬워했다.

산으로 돌아온 그해 3월 3일에 제자들을 모아놓고 유촉하기를 "내가 죽거든 숲속에 놓아 들불에 타도록 하라"고 했다.

그는 화려한 영결식을 거부했고 다비목(茶毘木)을 쌓고 꽃상여를 만드는 것도 허락하지 않았다. 마치 쓸모없는 물건을 태우듯 시신을 숲속에 버려 자연스럽게 화장(火葬)되도록 유언한 것이다.

밤이 되자 하늘에서 별빛이 내려와 밝은 불빛을 만들었고 날이 밝아 왔을 때는 그의 육신은 소멸되고 없었다. 다만 영롱한 구슬이 군데군데 흩어져 있었다. 스승의 유촉에 따라 시신을 숲속에 놓고 몇 시간이 지나자 스스로 점화하여 화장을 마쳤다. 사리(舍利) 80과를 얻었는데 그 사리는 맑고 영롱했으며 신비스런 빛 속에 평소 인자한 모습이 투영되었다고 한다.

신수의 영결식에는 황제가 참석했으나 혜안은 이러한 번거로움과 사치스러움을 피하기 위해 들불로 화장을 한 것이다.

조선조 부휴선사(浮休)선사는 임종게를 다음과 같이 남겼다.

칠십 년 꿈과 같은 바다에 놀다가
오늘 이 몸 벗고 근원으로 돌아가네
원래 본성에 걸림이 없으니
어찌 깨달음과 나고 죽음이 따로 있겠는가.
七十餘年遊幻海　今朝脫却返初源
廓然空寂本無物　何有菩提生死根

죽는 것은 근원으로 돌아가는 일이요, 자기귀환(自己歸還)이다. 다만 자성을 깨달을 때 나고 죽음에서 벗어날 수 있고 열반은 생멸이 없는 법신을 탄생시킬 수 있다.

계율은 지키되 계율로 그대 자신을 구속하지 말라. 계율로 그대 자신을 구속한다면 계율은 멍에가 될 것이다.

틀과 형식을 만들지 말라.
사회 전체가 끊임없이 제도를 만들려 하고 있다. 특히 종교인들은 그들 나름의 제도를 만들어 그 속에 안주하고 있다.

해탈은 멀리 있는 것이 아니다. 진실이 될 때 문은 열리게 된다.

만행(萬行)을 떠나라. 그러나 세 번째 여행은 자기 자신 속에 보내라.

근원을 아는 사람만이 깊은 침묵의 뜻을 알 수 있다.
우리의 귀는 진리를 듣는 곁문이고 거짓말을 듣는 대문이다.

사물의 내면을 관찰한 사람은 겉모양에 집착하지 않는다.

침묵은 지혜의 성역이다. 그리고 적에게는 항상 화해(和解)의 문을 열어 놓으라.

그대가 임종을 한다면 무어라고 죽음을 표현하겠는가. 이때 거짓말 할 생각을 말라.

누구나 임종할 때에는 이렇게 관찰해야 한다. 즉 오온(五蘊)이 다 빈 그릇이어서 이 몸에는 '나'라고 할 것이 없고 참마음은 모양이 없어 오고 가는 것도 아니다.

날 때에는 성품은 난 바가 없고 죽을 때에도 성품은 가거나 소멸되지 않는다. 지극히 고요해 마음과 환경은 하나인 것이다. 오직 이와같이 관찰하며 단박 깨치면 삼세인과에 얽매이거나 이끌리지 않게 될 것이다. 이런 사람이야말로 세상에서 뛰어난 자유인이다.

- 선가귀감 중에서

표주박 한 개와 누더기 한 벌이면 어디를 가나 걸릴 것이 없다.

- 선가귀감 중에서

우습다, 이 몸이여, 아홉 구멍에서는 더러운 것이 흘러 나오고 백천 가지 부스럼 덩어리를 한 조각 엷은 가죽으로 싸놓았구나. 또한 가죽 주머니에는 똥이 가득 담기고 피고름 뭉치뿐이다. 더러워 조금도 탐하거나 아까워할 것이 없다. 이를 탐착하는 데서 한량없는 허물과 근심 걱정이 일어나게 되는 것이다.

- 선가귀감 중에서

설사 자기가 믿고 따르는 교주(敎主)라도 안주하지 말라. 만약 부처님에게 매달려 구하는 것이 있다면 그는 부처님에게 얽매이게 될 것이고 조사에게 매달려 구하는 것이 있다면 또한 조사에게 얽매이게 될 것이다. 무엇이든지 구하는 것이 있으면 모두 고통이므로 일없는 것만 같지 못하다.

- 선가귀감 중에서

나와 남이 둘이 아닌 한 몸이다. 빈손으로 왔다가 빈손으로 가는 것이 우리들 살림살이가 아닌가.

- 선가귀감 중에서

버리고 구하는 마음이 따지고 보면 다 자기를 더럽히는 일이다.
捨者求者　皆是汚染

- 선가귀감 중에서

사람의 향기

승단의 지위를 갖지 않고 신분 상승의 의지가 없더라도 수행을 통해 마음과 몸에 고통을 참고 극복하여 그 고통이 마치 젓갈처럼 삭고 맛이 들어 있는 수행자와 마주 앉아 있으면 겨울날 무김치와 같이 사람의 맛과 향기를 느낄 수 있어 좋다. 이런 수행자의 말에는 깨침이 묻어 나오고 수증(修證)과 정진이 배어 나온다. 돈오(頓悟)를 논하지 않아도 안목은 본질에 닿아 있고 애증과 차별이 없어 어머니 품안 같은 젖냄새가 있어 좋다.

****

　나는 평소 선지식이나 큰스님을 찾아다니는 데 소질이 없었다. 따지고 보면 소질이 없는 것이 아니라 찾아갈 마음이 일어나지 않았다. 그 마음속에는 내 스스로 생각해도 아집과 독선이 도사리고 있었고 참으로 다른 사람으로부터 질타받아야 할 오만이 있었다. 지금 그 오만함을 말하고 있는 이유 가운데 하나는 내 나름의 큰스님에 대한 평가이다. 일찍 출가하여 갈고 닦은 수행력과 학문적 지식과 깊이가 없다 하더라도 따뜻한 숭늉같이 마시고 싶은 인간미나 자비로 만든 인간성만 있다면, 비록 뛰어난 안목과 돈오적 깨침이 없더라도 나는 자리를 함께했을 것이다. 아울러 닭벼슬보다 못한 승단의 지위와 권위를 갖고 있는 분들을 만나면 마음이 답답하고 머리가 혼란하여 차 한 잔도 못 마시고 나와 버릴 때가 많았다. 거기다가 출가적 삶에는 관심이 없고 세상 돌아가는 일에 논평과 해석을 하며 자신의 신분을 과시하고 있는 것을 보면 창자가 뒤틀리고 뱃속이 메스꺼워 오히려 내쪽에서 많은 인내를 강요당할 때가 있었다.
　그러나 승단의 지위를 갖지 않고 신분 상승의 의지가 없더라도 수행을 통해 마음과 몸에 고통을 참고 극복하여 그 고통이 마치 젓갈처럼 삭고 맛이 들어 있는 수행자와 마주 앉아 있으면 겨울날 무김치와 같이 사람의 맛과 향기를 느낄 수 있어 좋다. 이런 수행자의 말에는 깨침이 묻어 나오고 수증(修證)과 정진이 배어 나온다. 돈오(頓悟)를 논하지 않아도 안목은 본질에 닿아 있고 애증과 차별이 없어 어머니 품안 같은 젖냄새가 있어 좋다.

 승단의 높고 낮은 지위를 한 번쯤은 지낸 분들과 어쩌다가 만나 대화를 나누다 보면 고개에 힘이 들어가 있는 권위를 느끼게 되고 옳고 그름에 얽매여 있음을 발견할 수 있다. 그렇다고 그 판단이 정확한 것이 아니고 자기 뜻을 따르거나 맹종한 사람은 대부분 친근하게 말하고 뜻이 다르고 정서적으로 맞지 않은 분은 비판의 대상에 오르게 된다. 이런 내용의 대화가 길어지면 부처와 조사의 가르침과 정신은 끼어들 틈새도 없다.

 차라리 이럴 때는 공양주 손때가 묻은 숭늉을 한 그릇 마시는 것같지 못하다는 생각을 할 때가 많다. 그리고 승단의 높은 지위에 오른 경력을 지닌 수행자일수록 오만과 아집이 깊이 도사리고 있고 상대를 권위로 위압하는 세속적 분위기가 강하고 무서운 독선이 자리잡고 있음을 깨달을 수 있다. 그분들이 머물고 있는 집도 또한 넓고 화려하다. 언제나 화려함 속에는 사치가 숨어 있다. 그 사치를 은근히 포장하여 자신의 신분상승의 상징으로 삼고 있음을 엿볼 수 있다. 그래서 나는 선지식을 찾아다니는 일에 게을리 했다.

 깨침을 얻어 근본에 가까이 가 있는 수행자는 안으로 감추는 위선이 없어 참모습을 볼 수 있다. 되도록이면 자신의 허물을 밖으로 드러내 놓고 인간적 흠집으로 자기를 낮추고 있는 부분이 오히려 정겹고 아집과 독선을 걸치고 권위를 부리고 있는 사람보다 훨씬 단순하고 천진스러움이 배어 나온다. 사실 아집과 독선은 정신적 군살이다. 군살이 있게 되면 천진스럽고 분별을 떠난 본성은 드러나지 않는다. 정신적 군살이 많은 사람일수록 안으로 감추는 위선이 많고 사람에 대해 차별적이고 애증의 폭이 크다.

그동안 내가 친견한 선지식 가운데 매우 인상적이고 감동적인 분은 영축산에 오랫동안 머물다가 입적하신 경봉(鏡峰)큰스님이시다. 첫째, 거처부터 찾아가는 사람들에게 위화감을 주지 않고 한적하고 초라하여 탐방객에게 애정을 갖게 한다.

스님이 주석(住錫)했던 삼소굴(三笑窟)은 초암(草庵)보다 초라하고 큰절 해우소(解憂所; 화장실)보다 규모가 작았다. 비록 기와는 올려져 있었으나 집의 규모가 작아 마치 큰 요사(寮舍)에 밀려 한 모퉁이에 자리잡고 있는 것 같다.

방문을 열고 들어서면 백합보다 환한 웃음이 노스님 얼굴에 번져 달려가 품안에 안기고 싶은 충동을 일으킬 때가 있었다.

어디로부터 왔느냐고 묻는 질문에 당황하면서 상대를 근원으로 회귀(回歸)시키려는 스님의 저의가 숨어 있음을 깨닫게 된다. 그리고 근기에 따라 말이 이어지고 깨달음을 담을 수 있는 그릇에 따라 스님의 법음은 넘치게 된다. 세상의 넉넉함을 모두 모아 놓고 주머니에 슬쩍 꺼내어 나눠주고 있음을 자족을 통해 깨닫게 된다.

스님의 목소리에는 번뇌가 묻어 나오지 않고 절 모퉁이에서 흐르고 있는 계곡물처럼 막힘이 없다. 높고 낮은 직위를 구별하지 않고 귀천을 가리지 않아 누구나 할 것 없이 막힌 귀가 열리고 미혹의 체증이 사라짐을 느낄 수 있다.

스님의 말씀에는 나무로 불을 지핀 시골 온돌방 같은 따뜻하고 아늑한 체온이 있다. 오랫동안 법문을 듣고 있노라면 세상 사람들이 갖고 있는 고집 같은 것은 어디에다 버렸는지 발견할 수 없고 아이들이 장난을 치면서 어른들의 옷을 벗기듯 세속의 번뇌를 씻어 주고 어루만져 삶에 찌든 번뇌가 지혜로 다듬어지고 있음을 깨달을 수 있다.

노사(老師)는 종단 일에 별로 관심을 두지 않았다. 영축산보다 육중한 정신적 무게로 찾아오는 사람들에게 희열을 나누어 주고 있었다. 그래서 스님의 글씨를 보면 달관의 노련함이 있는가 하면 예술적 작위가 없어 글씨가 마치 계곡물처럼 흐르고 있음을 발견할 수 있다.

내가 이야기를 끝내고 글씨 한폭을 얻어 가려고 욕심을 내면 스님은 나의 세속적 이기심을 탓하지 않고 마치 유치원생의 응석을 못 이기는 척 글씨 한폭을 건네 준다.

스님이 열반에 들었다는 소식을 듣고 영축산 극락암으로 갔을 때 백일홍이 저녁 노을처럼 붉게 타오르고 있었다. 그리고 신도들이 스님이 계신 곳을 향해 절을 하고 있었다.

그런데 신도들의 얼굴에는 슬픔이 없었고 조상(弔喪)하는 표정이 발견되지 않았다. 오히려 어떤 넉넉함에 정겨워하면서 처음으로 자족을 느끼는 표정이었다. 그것은 노사(老師)의 입적(入寂)이 만든 적멸의 넉넉함이었고 생사에 집착하지 않았기 때문에 구태여 죽음을 슬퍼할 이유가 없었다. 오히려 적막하고 쓸쓸함을 느껴야 할 장례식이 이처럼 흥이 일고 자족의 여유를 만들고 있는 것은 스님의 편계부장(遍界不藏)한 법신 때문이었다. 법신으로 태어나 자기 모습을 있는 그대로 발현하고 있었다. 바로 그것이 경봉스님만이 지니고 있는 전기독로(全機獨露)의 자재함이었다. 편계부장이란 시방세계에 두루 있으면서 어느 한 곳에 묻혀 있지 않음을 뜻한다. 그리고 전기독로란 자기의 모든 것을 있는 그대로 드러낸 상태를 말한다. 그래서 신도들의 얼굴에는 애도의 슬픔이 없고 스님이 이승을 떠났다고 생각한 사람들이 없었다.

다비장(茶毘葬)에서 불을 놓고 30여 분이 채 지나지 않았을 때였다. 메마른 하늘에서 갑자기 검은 구름이 일고 짐승처럼 사나운 바람이 일더니 포성이 쏟아지는 듯 천둥소리가 다비장을 향해 쏟아지는 것 같았다.

스님의 육신을 태우는 것에 하늘도 슬픔에 잠겨 저처럼 통곡을 하고 울부짖는다는 것을 그때 깨달을 수 있었다.

선사(禪師)들은 임종에 다다라 마치 여행을 떠나는 사람처럼 죽음을 준비한다.

경봉스님도 제자들을 불러놓고 가야겠다는 말을 남긴 후 "야반(夜半) 삼경(三更)에 문빗장을 만져보라"는 임종게를 남겼다.

육신은 오늘 비록 소멸했으나 법신은 머물러 있다. 심체(心體)가 맑고 고요하니 어찌 출몰(出沒)이 있으리요. 바로 이곳이 편안히 쉴 곳이다.

이 몸 벗고 근원으로 돌아가네

본성을 깨닫지 못하고 진여(眞如)의 삶을 인격화하지 못한 사람들은 죽음을 두려워하고 육신에 집착을 하게 된다. 만약 고향과 본성이 새로운 목적지가 되고 시간과 공간적으로 움직여서 가는 곳이라면 초탈의 자유는 이루어지지 못할 것이다. 그곳은 걸어서 가는 곳이 아니라 거추장스런 육신의 장애를 버리면 그대로 실현되는 것이 진여실상이다.

****

삶과 죽음을 합일하여 초월해 있는 사람은 선사들만이 아니었다. 가톨릭 신부(神父)들도 해탈의 여유가 있었다.

특히 요한 23세는 임종이 다가옴을 느끼고 성탄절날 말했다.

"오늘로 나는 여든 두 살에 접어든다. 이 해를 넘길 수 있을까. 어느 날이고 태어나기 좋은 날이고 죽기 좋은 날이다."

그는 죽기 좋은 날 친구들이 우는 것을 보고 성모 마리아 찬가를 불러 달라고 하면서 "힘을 내! 울 때가 아니야. 지금은 기쁨과 영광의 순간이야"라고 말한 후 의사를 향해 "걱정할 것 없습니다. 여행가방은 이미 꾸려 놓았습니다. 떠날 순간이 오면 지체하고 싶지 않습니다"라는 말을 남긴 후 임종했다고 한다.

누구나 지극한 마음으로 자신을 비우고 있으면 죽음의 순간일지라도 이처럼 아름답고 초월적 여유가 있는 법이다.

선사들도 오늘 가야겠다고 말한 사람들이 많았다. 마치 멀리 여행을 하는 사람처럼 준비를 하고 시간을 기다리고 있었다. 그러나 대부분 선사들은 나고 죽음에 거리를 두고 있지 않았다. 가야 할 목적지가 있는 것이 아니라 그곳은 근원에 계합하고 회귀(回歸)한다고 즐겁게 노래하고 있다. 그것을 고향이라고 표현한 선사들이 있었다.

우리에게 잘 알려진 함허(涵虛)스님은 임종게를 통해 이렇게 읊었다.

팔십 년 꿈속에서 헤맨 이 몸이여
오늘 아침 몸 벗으니 그 가치가 없네
부모에게 받은 몸 불에 맡기니
한 줄기 신령스런 광명이 빛나네.
八十餘年蒙裏身　今朝脫穀了無蹟
父母遺體付丙丁　一段靈光明爀爀

그리고 일선(一禪)선사도 임종게를 남겼다.

속절없이 지난 80년
지난 일 모두가 환영이네
이 문을 나가기 전에 이미 고향에 이르렀나니
옛동산에 지금도 도리꽃이 피었네.
年逾八十似空華　往事悠悠亦眼花
脚未跨門還本國　故園桃李已開花

선사들이 임종게에서 밝힌 고향이나 돌아갈 곳은 자신이 태어난 고향을 의미하거나 특별한 목적지가 있는 것은 아니다. 곧 그것은 자성

(自性)이고 본체인 자기실상(自己實相)이다. 원래 자성에는 태어남도 없고 죽는 것도 없다. 생멸이 없고 시종(始終)이 없기 때문에 오고 감이 없다고 즐거운 마음으로 노래할 수 있었던 것이다. 비록 육신이 소멸하여 텅빈 고요를 이루지만 바로 여기서 만물이 생성되고 다시 새로운 변화가 일어난다고 깨달았기 때문에 나고 죽음에 집착하지 않고 육신을 헌옷 벗듯 벗어 버리고 자기 본성에 계합한 것이다.

본성을 깨닫지 못하고 진여(眞如)의 삶을 인격화하지 못한 사람들은 죽음을 두려워하고 육신에 집착을 하게 된다. 만약 고향과 본성이 새로운 목적지가 되고 시간과 공간적으로 움직여서 가는 곳이라면 초탈의 자유는 이루어지지 못할 것이다. 그곳은 걸어서 가는 곳이 아니라 거추장스런 육신의 장애를 버리면 그대로 실현되는 것이 진여실상이다.

《보등록(普燈錄)》에 실린 어느 스님은 자신의 임종을 매우 감상적이고 정서적으로 표현하고 있다.

기름 다하여 등불 꺼지니
탄지(彈指)의 소식 누구에게 전하리
가고 머무는 것은 본래 그대로이니
봄바람은 지금 잔설을 쓸고 있네.
畵堂燈已滅　彈指向誰說
去佳本尋常　春風掃殘雪

법당 안에 부처가 없네

수행자는 청빈하고 검소할 때 참다운 모습이 더욱 돋보인다. 오죽했으면 장삼 한 벌 바루 하나가 우리들 살림살이 전부라고 서산(西山)스님이 말했겠는가. 평소에 지니지 못했던 정신적 삶을 제자들이 과장하고 미화한다고 해서 정신적 광채가 일어나고 업적이 새롭게 만들어지는 것은 아니다.

****

　중국 분주(汾州) 무업(無業)선사는 태어날 때부터 신기한 전설을 갖고 태어난 분이다.
　그의 어머니가 어느 날 꿈을 꾸고 있는데 사람이 나타나 '잠깐 쉬어 갑시다' 하는 소리를 듣고 꿈에서 깨어났다고 한다.
　그의 어머니는 꿈을 깬 후 태기가 있음을 알아차렸고 무업이 태어나던 저녁에는 방안에 향기가 가득했다고 전하고 있다. 서기(瑞氣)와 광채가 그의 생애를 예감해 주었다.
　이렇게 태어난 무업선사는 어릴 때부터 여느 아이들과 다른 행동을 하기 시작했다. 길을 걸을 때는 옆을 보지 않고 앞만 보고 다녔고 앉을 때엔 반드시 가부좌를 틀고 앉았다.
　아홉 살 때 지한(志閑)선사에게 대승경을 배웠는데 다섯 줄을 동시에 읽고 읽은 것은 빠짐없이 외웠다. 그의 머리에는 컴퓨터가 들어앉아 있는 것 같았다.
　선사의 타고난 천부적 재능과 천재적 기질이 이때부터 발휘되었다. 열두 살 때에 머리를 깎고 스무 살에 유율(幽律)선사에게 구족계를 받았다. 그리고《사분율(四分律)》을 읽혔는데 바로 경이로울만큼 출중한 지혜가 있었다. 그의 지혜 앞에 우리는 참으로 왜소해진다.

어느 날 그는 마조(馬祖)를 찾아뵙고 절을 했다. 그의 키가 9척이나 되었다니 우람한 나무둥치가 앞에 다가서는 느낌을 마조는 받았을 것이다.

마조는 우람하고 당당한 용모를 보고 위압을 당한 듯 "우람한 법당 안에 부처는 없구나" 하고 일격을 가했다.

따지고 보면 중생의 육신은 자신의 자성불(自性佛)을 모신 법당이다. 그리고 마음이 곧 부처라면 누구나 중생은 법당을 지니고 있다. 그런데 그 법당 안에 부처가 없다고 힐난한 것이다.

무업(無業)이 익힌 교리적 지식이 마조의 말 한마디에 쓸모가 없게 되었고 우람한 나무둥치가 쓰러지듯 중심을 잃었다.

무업은 흥분된 마음을 참고 꿇어앉아 가르침을 청했다.

"삼승(三乘)의 문자는 대충 궁구했으나 아직 출신활로(出身活路)를 열지 못했으니 그 깊은 뜻을 가르쳐 주십시오."

"이놈아, 너의 마음 밖에 다른 물건은 없다."

"어떤 것이 조사께서 서쪽에서 오셔서 비밀히 전한 뜻입니까?"

"내 마음이 지금 소란하니 갔다가 다음날 오라."

무업이 물러서려고 할 때 마조가 갑자기 불렀다.

"무업아!"

무업이 머리를 돌리자, 마조가 말했다.

"이게 무엇인가?"

무업이 이때 깨닫고 절을 하자 마조는 그의 등을 두드리면서, "절을 해서 무엇 하겠는가" 하고 깨침을 인가했다.

당나라 현종이 사자(使者)를 보내어 간청했으나 그때마다 무업은 병을 핑계삼아 가지 않았다.

목종(穆宗)이 즉위하고는 꼭 한번 뵙기를 간청하고 조서(詔書)를 보내 모셔 오도록 했다.

사신은 "황상(皇上)께서 이번에 부르시는 뜻은 다른 때와 같지 않으시니 화상(和尙)께서는 병을 핑계삼지 마시고 천심을 따라 순종하시기 바랍니다" 하고 간곡하게 청했다.

"내가 무슨 덕이 있다고 자주 황제를 번거롭게 할까. 빨리 가시오. 나는 다른 길로 따라 가겠소."

무업은 목욕을 하고 머리를 깎은 후, 밤이 깊어지자 제자들에게 말했다.

"온갖 경계는 본래부터 텅 비고 고요하여 한 법도 얻을 수가 없다. 미혹한 이는 깨닫지 못하여 경계를 따라간다."

말을 마치자 가부좌를 틀고 앉아 그대로 입적했다.

그는 권력의 비정함을 알고 서둘러 입적한 것이다. 왕의 부름에 응한다고 해서 수행력이 빛나는 것도 아니고 지위가 높아지는 것도 아니다. 오히려 세월이 지나면 허물이 된다는 것을 무업은 알았다. 그래서 끝내 황제의 초청에 응하지 않고 해탈의 자유를 택한 것이다.

높은 사람의 초청에 끼이지 못해 섭섭한 마음을 드러내던 오늘의 권승(權僧)들은 무업의 가풍을 교훈삼아 부끄러움이 어디에 있는가를 깨달아야 할 것이다.

❀

 완전한 깨침은 자기 죽음을 희롱하고 해학적 분위기를 연출한다. 대개 세속적 죽음 앞에서는 끈적끈적한 절망감이 있지만 선사들의 입적은 오히려 희망적이고 초탈의 여유 때문에 슬픔이 반감된다.
 사람이 죽었을 때 절망에 빠져드는 것은 삶의 종말이 있기 때문에 슬픔에 잠기는 것이다. 만약 죽음이 삶의 종말이 아닌 새로운 삶의 시작이란 깨침과 정신적 훈련이 있었다면 애도의 감도는 훨씬 작아질 것이다. 유한적 삶이 죽음의 문턱에 이르렀을 때 사람들은 더 갈 곳이 없는 절벽을 만나기 때문에 그리고 새처럼 날 수 없기 때문에 슬퍼하는 것이다.
 선사들의 입적은 세속적 죽음에 비해 엄숙하고 절망감을 제거하고 슬픔을 쫓아 버린다.
 중국의 약산유엄(藥山惟嚴)선사는 어느 날 법당앞에서 큰 소리를 쳤다. 우레소리와 같이 울림이 커서 대중들은 방문을 열고 법당 앞으로 쫓아 나왔다.

"법당이 쓰러진다."

소리를 치자 대중들은 선사의 뜻을 헤아리지 못하고 진짜로 법당이 쓰러지는 줄 알고 물건들을 들고 법당의 기둥을 받치자 그는 박장대소를 하다가 "그대들은 나의 깊은 뜻을 모르는구나" 하고 입적해 버렸다.

이처럼 자기 죽음 앞에 여유가 있고 해학적 분위기까지 만들면서 영혼과 육체의 분리를 자재하고 적멸의 근원으로 돌아가는 사람은 없을 것이다.

선사들은 입멸(入滅)에 들고 싶으면 가부좌를 틀고 눈을 감아 버리고 서서 걸어가고 싶으면 여행을 떠나는 사람처럼 몇 발자욱 걷다가 임종을 맞이했다.

※

경봉이 입적한 후 십 년 가까이 되어 명정스님을 만나기 위해 오랜만에 극락암에 갔었다. 불두화(佛頭花)가 탐스럽게 피어 마치 낮달처럼 나뭇가지에 걸려 있는 것 같았다. 나는 속으로 경봉스님 다비식을 치르던 날 신도들이 인산인해를 이룬 그때의 모습과 만장(輓章)이 무지개빛처럼 오리(五里) 길에 늘어져 있던 광경을 떠올렸다. 누가 오라해서 다비식에 참석한 것도 아니요, 큰스님과 혈육을 나누어 의무적 애도를 표하기 위해 참석한 사람들도 아니었다. 평소 경봉큰스님의 지혜와 덕망에 감화받고 법문에 감동되어 집안 일을 잠깐 미루어놓고 이곳에 모인 것이었다.

나는 간혹 이름깨나 있는 스님들의 다비식에 참석할 때 그때 모습과 비교할 때가 있다. 왜냐하면 그 순간의 감동이 가슴 한구석에 사라지지 않고 자리잡고 있어서이다.

명정을 찾기 전에 큰스님이 거처하던 삼소굴(三笑窟)을 먼저 찾았다. 큰스님의 모습과 기침소리는 들리지 않고 초여름 햇볕이 잠깐 졸고 있었다. 그러나 큰스님은 법계 두루 계신다는 것을 알고 있는 나는 큰스님이 안 계신 쓸쓸함보다 큰절 화장실 규모보다 작은 집이 세월의 무게를 견디다 못해 조금씩 기울고 있는 것이 마음에 걸렸다. 이처럼 집이 퇴락하도록 제자들이 방심하고 외면한 것일까. 그렇지 않으면 큰스님 유지를 받들어 그대로 방치해 둔 것일까. 나름대로 해석하다가 내 스스로 결론을 내렸다.

살아 계셨을 때도 화려하고 사치스러움을 멀리했는데 스님이 사용하지 않은 집을 보존한다는 명분을 앞세워 중수를 하고 규모를 키운다는 것은 큰스님의 뜻에 어긋난다고 생각했다. 그렇지 않아도 요즈음 우리 주위에는 스승의 업적을 기르고 유지를 받든다는 명분을 앞세워 거처하던 집이 커지고, 영정(影幀)으로는 마음이 차지 않았는지 동상을 건립하는 일까지 벌어지고 있는 실정이다. 거기에 비하면 퇴락하고 기울어지는 삼소굴이 정신적 무게를 더하는 것 같았다.

집이 새롭게 단장되고 규모가 커진다고 평소 지니고 있지 않던 깨침과 정신적 삶의 넓이가 확장되는 것은 아니다.

수행자는 청빈하고 검소할 때 참다운 모습이 더욱 돋보인다. 오죽했으면 장삼 한 벌 바루 하나가 우리들 살림살이 전부라고 서산(西山)스님이 말했겠는가. 평소에 지니지 못했던 정신적 삶을 제자들이 과장하고 미화한다고 해서 정신적 광채가 일어나고 업적이 새롭게 만들어지는 것은 아니다.

명정스님을 만나 "조실스님이 계신 집이 너무 퇴락한것 아니냐"하고 묻자 그는 저 집은 단순한 집이 아니라 정신적 보고(寶庫)라고 말했을 때 중수를 하지 않은 깊은 뜻을 알 것 같았다. 그러나 보는 사람마다 새롭게 보수를 해야한다고 안달이니 자신의 인내가 끝까지 버티어 줄지 의심스럽다고 했다.

탑과 부도를 만들지 말라

죽음 앞에서 두려움을 느끼거나 체념을 하는 것이 아니라 너무 당당하고 여유가 있어 살아있는 사람들이 오히려 긴장을 느낀다. 그리고 얼마나 생사의 근본을 탐구하기 위해 혼신의 정진과 아울러 넉넉한 관조와 사유(思惟)가 있었기에 입적(入寂)이 슬픔으로 인식되지 않고 있는 걸까. 그것은 나고 죽음을 버리고 존재의 핵심에 도달해 있기 때문에 선사들은 한결같이 원래 태어남도 죽는 것도 없다고 노래를 하고 있는 것이다.

****

 중국 청활(淸豁)선사는 중국 복주(福州)의 영태(永泰)라는 마을에서 태어났다. 어려서부터 총명하고 민첩했으며 천재적 기억력은 주위 사람들을 놀라게 했다.
 그는 처음부터 세속적 영욕에는 별로 관심이 없었고 부질없는 세상일을 일찍부터 깨닫고 있었다. 고산(鼓山) 흥성(興聖)국사의 슬하에 들어가 머리를 깎고 구족계를 받았다.
 그의 천재적 기억력은 단숨에 교리를 터득하게 했고 득의망언(得意忘言)의 세계에 접어들게 했다.
 대장산(大章山) 계여암주(契如庵主)를 친견하고 다시 수룡화상에게서 여래(如來)의 깊은 뜻을 묻고 깨달음을 얻었다.
 어느날 스님 한 분이 청활선사에게 다음과 같이 물었다.
 "가난한 집에 도적을 맞을 때는 어떻게 해야 합니까?"
 "다 가져가지 않는다."
 "어째서 다 가져가지 않습니까?"
 "도적이 원래 그 집 주인이니라."
 "원래 집 주인이라면 무슨 이유로 도적이 되었습니까?"
 "안에서 호응하는 이가 없으면 밖에서는 어쩔 수가 없다."

"문득 그를 잡아 없애면 공은 누구에게로 돌아갑니까?"
"상을 준다는 말은 듣지 못했다."
"그러면 수고하여도 공은 없겠습니다."
"공은 없지 않으나 이룬다 하여도 차지하지 않는다."
"이미 공을 이루었다면 왜 차지 않습니까?"
"듣지 못했는가. 태평은 원래 장군이 이룩하지만 장군이 태평을 누리지는 못한다."
"어떤 것이 서쪽에서 오신 뜻입니까?"
"변방에 사람이 우는데 본토 사람이 슬퍼한다."

청활선사는 일생 동안 주지를 하지 않았고 소임을 맡지 않았다. 그의 생활은 마치 물이 흐르듯 걸리는 데가 없었다. 아무리 화가 나는 일을 당해도 얼굴을 붉히는 일이 없었고 남의 허물을 말하는 일이 없었다. 그리고 자신을 낮출 수 있는 데까지 낮추었다.

그리고 자신이 아는 것이 있다고 자만하지 않았고 도덕적으로 깨끗하다고 상대를 단죄하지 않았다. 오히려 남을 험담하는 소리를 들으면 "저 사람 훗날 허물을 벗을 때 고통스러울 거야" 하고 말했다.

청활선사는 임종이 다가오자 대중 곁을 떠나 산으로 들어가 은둔했다. 그때 그는 다음과 같은 게송을 남겼다.

사람들아 길 걷기가 어렵다 말라

높은 마루 깊은 골도 지척이더라
저기 개울물아 잘들 가거라
그대는 바다로 나는 산으로 가리.

그는 바로 귀활(貴豁)로 들어가 암자를 짓고 자연을 벗삼아 살았다. 얼마나 청빈하게 살았는지 그의 몸에서 향기가 배어 나왔다고 사람들은 전했다.

청활선사는 노유(老幼)와 죽음을 잊고 있었다.

청활선사는 늙어 조그마한 초암(草庵)을 짓고 지내다가 어느 날 제자들을 불러 다음과 같이 유언을 했다.

"내가 죽거든 시체를 벌레들에게 주어라. 그리고 절대 탑이나 부도(浮屠)를 만들어서는 안 된다."

유언을 마치고 깊은 산으로 들어가 반석 위에서 앉은 채로 입적했다. 제자 계인(戒因)이 산에 갔다가 스승의 시신을 발견하고 유언에 따라 산짐승의 요깃거리가 되도록 방치했으나 끝내 벌레도 짐승도 침범하지 않았다.

청활선사의 유언을 듣고 있으면 부도와 비(碑)를 세우는 일이 참으로 부끄러운 일임을 깨닫는다.

육신은 벌레들에게 되돌려 주고 자기 혼을 담는 부도와 탑이 자신의 깨침과 아무 상관없음을 일깨워 주고 있다. 이러한 입적 앞에 서면 내 자신과 아울러 다른 스님네도 초라하고 왜소해진다. 왜 그럴까?

나는 《전등록》을 읽을 때마다 청활선사의 행장에 이르러 전율과 경이를 함께 느끼면서 그가 남긴 유언을 마음속에 간직했다.

마치 육신을 쓸모없는 물건처럼 버릴 수 있는 자유 앞에 내 존재가 초라해 보였다. 육신을 버려놓고 저것은 '내가 아니야' 하고 말하는 것 같아 소름이 끼치게 한다.

올 때는 빈손으로 왔다가
갈 때는 알몸으로 가는 것
다시 이밖의 것을 묻는다면
천태산에 돌이 있다 하더라.
來時空索索　去也亦條條
更要問端的　天台有石頭

― 無準禪師 臨終偈

와도 온 바가 없고
가도 갈 곳이 없다
문득 이 경계마저 뛰어넘으면
불조(佛祖)도 몸둘 바를 모를 것이다.
來無所來　去無所去

瞥轉玄關　佛祖罔措
　　　- 禪林僧家傳

　중국 선사들은 입적을 한 후 화장(火葬)을 했으나 그 가운데 몇몇 선사들은 매장 형식을 빌어 장례를 치르기도 했다. 그렇다고 시신(屍身)을 땅에 묻은 것이 아니라 석실(石室)에 안치해 놓았다가 이듬해 화장을 한 경우도 있었다. 하지만 병든 육체를 석실에 안치한 경우는 없었고 몸에서 향기가 나거나 마치 산 사람처럼 육신에서 신이(神異)함이 있는 경우는 화장을 하지 않았다.

　《전등록》에 등장된 선사들은 1701인이나 된다. 이 가운데 오직 지암(知岩)선사만이 수장을 했다고 행장(行狀)은 밝히고 있다.

　그는 지혜와 용맹정진함이 남다른 데가 있었고 키가 일곱 자 여섯 치나 되었다고 한다. 이로 인해 훗날 장군이 되었고 출가는 40세가 되어 했다. 늦깎이인 셈이다. 늦게 출가한 그는 깊은 산으로 들어 밤낮을 가리지 않고 정진하여 도신(道信)의 법손이 되었다.

　임종이 다가오자 제자들에게 화장을 하지 말고 시신을 깊은 바다에 버려 고기들이 뜯어먹도록 하라고 당부했다. 제자들은 스승의 유언을 어길 수 없었다. 숨을 거둔 선사의 얼굴에는 생기가 돌아 마치 살아 있는 사람처럼 보였다. 제자들은 시신을 바다에 버렸다. 수장(水葬)을 한 것이다.

본래 생멸이 없는데
어찌 가고 옴이 있으리요
얼음 속에서 불길이 솟고
무쇠나무에서 꽃이 피네.
本無生滅　焉有去來
氷河發焰　鐵樹華開

이 임종게는 지암선사가 지은 것이 아니다.

선사들이 죽음 앞에서 체험하고 있는 세계를 상상해 보기 위해《승림보존(僧林寶傳)》에 있는 것을 인용한 것이다.

죽음 앞에서 두려움을 느끼거나 체념을 하는 것이 아니라 너무 당당하고 여유가 있어 살아있는 사람들이 오히려 긴장을 느낀다. 그리고 얼마나 생사의 근본을 탐구하기 위해 혼신의 정진과 아울러 넉넉한 관조와 사유(思惟)가 있었기에 입적(入寂)이 슬픔으로 인식되지 않고 있는 걸까. 그것은 나고 죽음을 버리고 존재의 핵심에 도달해 있기 때문에 선사들은 한결같이 원래 태어남도 죽는 것도 없다고 노래를 하고 있는 것이다. 나고 죽음이 없기 때문에 생멸의 지배를 받지 않고 진여(眞如)로 돌아간다. 누구나 근본으로 돌아갈 수 있는 것은 돈오와 수증(修證)이 있기 때문이며 지혜로 본질의 세계를 체험한다면 초월은 이루어진다.

삶의 흔적이 사라지면 공허함이 남아야 하는데 이처럼 입적이 아름답고 넉넉하게 느껴지고 보이는 것은 무엇 때문일까. 소멸하는 존재의 껍질은 모두 벗어던지고 실상(實相)의 뼈대 하나만 가지고 여행을 떠난 사람처럼 입적(入寂)하기 때문이다. 그러나 진여(眞如) 실상(實相)은 새롭게 생성된 것도 아니고 육신이 썩어 없어진다고 해서 소멸한 것도 아니다. 그래서 선사들은 한 물건이라고 표현해 놓고 그 물건은 본래부터 한없이 맑고 신령스러워서 나지 않고 죽지도 않았다고 힘주어 말했다. 다만 막연히 한 물건이라 한 것은 이름도 지을 수도 없고 모양도 그릴 수 없기 때문이라고 했다. 이 물건은 부처님이 태어나기 이전에도 있었고 나아가 처음에는 석가도 몰랐고 또한 가섭도 전할 수 없다고 했다.

다만 천재적 재능을 지닌 육조(六祖) 혜능(慧能)이 어느날 대중들에게 "나에게 한 물건이 있는데 이름도 없고 모양도 없다. 너희들은 알겠느냐"고 묻자, 박학다식하고 지해종사(知解宗師)라고 낙인 찍힌 하택신회(荷澤神會)는 그의 재주에 걸맞게 "모든 부처님의 근본이요, 신회의 불성(佛性)"이라고 대답했으나 이로 인해 그는 끝내 육조의 적자가 되지 못하고 서자(庶子)가 되고 말았다. 그러나 남악회양(南嶽懷讓)은 숭산(崇山)에 있다가 혜능을 친견하자 "무슨 물건이 이렇게 왔는고?" 할 때에 어쩔 줄 모르고 쩔쩔매다가 팔년 만에 깨치고 나서 말하기를, "설사 한 물건이라 하여도 맞지 않습니다"고 말했다. 그러나 8년 만의 정진과 사유(思惟)는 결실이 있었다. 왜냐하면 육조(六祖)의 적자(嫡子)가 되었기 때문이다.

이 한 물건을 깨달은 사람들은 자기 나름의 해탈의 정서로 상징과 비유를 들어 표현했다. 특히 《신심명(信心銘)》을 지은 승찬선사는 "한 물건은 허공같이 뚜렷하여 모자랄 것도 없고 남을 것도 없다"고 했다. 사실 마음이라 성품이라 혹은 도(道)라 하여 억지로 이름은 붙였으나 여기에 어떤 이름을 붙여도 맞지 않고 무슨 방법으로도 그 참모습을 바로 말할 수 없다. 그래서 석가도 알지 못했고 가섭(迦葉)도 전하지 못했다고 한 것이다. 가섭만이 전하지 못한 것이 아니라 이 성전일구(聲前一句)는 천성(千聖)이 전하지 못했다. 그러나 그 한 물건은 무한한 공간에 가득 차서 안과 밖이 없으며 무궁한 시간에 걸림이 없으며 고금(古今)과 시종(始終)이 없다.

이 한 물건을 선가(禪家)에서는 본분(本分)이라고 말하는가 하면 때로는 불성(佛性)이라 한다. 본래부터 허공에 가득 차고 고금과 시종이 없다면 누구에게나 본래 구족되어 있다. 본분을 놓고 말한다면 부처다 중생이다 분별할 수 없고 누구나 본바탕은 본래부터 그대로 부처인 것이다. 본래 부처란 말을 존중했기 때문에 《허공장경(虛空藏經)》에서는 문자도 마업이요, 부처님 말씀까지도 마(魔)의 업이라고 비판한 것이다. 이것은 단순한 비판이 아니라 우레와 같은 부정이다.

따지고 보면 도(道)는 알거나 알지 못한 데에 있지 않다(道不屬知

不知). 그렇다면 깨쳐서 부처가 된다고 했지만 오히려 깨친 바가 있다면 부처가 될 수 없다는 논리가 성립될 수 있다.

불교의 구경 목적은 부처님을 믿으라 한 것이 아니다. 누구나 다 부처가 되고 그 부처에서 뛰쳐나와야 한다. 그러나 중생이란 한계를 벗어나기는 참으로 어렵다. 중생이란 참 성품을 잃어버리고 망녕된 생각들이 분주하게 일어났다가 꺼졌다 하므로 온갖 세계에 유전(流轉)하면서 생멸을 반복한다. 그리고 이러한 정식(情識)을 갖고 있는 모든 것을 중생이라 한다. 그렇다면 중생이란 단순히 사람만을 지칭한 것이 아니라 모든 동물까지 통칭(通稱)한 말이다. 유정(有情), 함령(含靈), 함식(含識), 군생(群生), 군맹(郡萌), 군품(郡品) 같은 여러 가지 말로 표현한다. 따라서 부처님의 구제의 의미도 인류에만 국한되지 않고 이와 같은 중생 전부에 다 미쳐 깨우치고 건져야 한다.

스님들은 아침 저녁 서원을 한다. 사홍서원(四弘誓願)을 하나의 의미로 해석한다면 가없는 중생을 제도하겠다는 다짐이요, 발원이다.

그러나 다짐과 발원이 날로 퇴색해가고 있다. 그래서 사람을 사랑하는 일에도 인색하고 같은 먹물옷을 입은 사람끼리도 자기 생각과 다르고 뜻을 같이 아니한다고 적의를 갖고 매도한다. 짐승도 자기가 낳은 새끼를 사랑한다. 수행 사문(沙門)끼리 증오심을 버리지 못한다면 천박한 속인으로 전락될 것이다. 만약 비원을 갖지 못하고 음모를 계속한다면 발원(發願)과 서원(誓願)은 거짓이 되고 오히려 미움을 갖고 있는 쪽이 출가정신을 잃고 세속인으로 전락된다는 사실을 못 깨닫고 있다. 그리고 지옥중생을 제도하겠다는 말이 허언(虛言)임을 스스로 입증하고 있음을 알아야 한다.

세속적 사랑도 승화되고 깊고 넓어지면 고통과 절망까지 포용하지 않는가. 더욱이 불교의 자비는 지옥중생의 고통을 껴안을 때 자비로 완성된다.

❀

한 물건은 경전에 따라 표현방법이 다르다. 《기신론(起信論)》에서는 진여(眞如), 《열반경(涅槃經)》에서는 불성(佛性), 《범망경(梵網經)》에서는 심지(心地)라고 했고 혹은 법(法)이라고 했다.

법이란 한 물건을 의미한다. 그러나 법에는 변하지 않은 것과 인연에 따라 변하는 것이 있다. 그리고 사람에게는 온갖 기질이 있으므로 근기에 따라 법을 깨닫는 데 돈오(頓悟)와 점수(漸修)가 있다.

특히 중국 선사들은 이 한 물건을 깨닫기 위해 깊은 사유(思惟)와 수증(修證)을 거듭했고 끝에 가서는 존재의 핵심에 도달하여 한 물건을 돈오 증득할 수 있었다.

여기서 만들어진 것이 해탈의 정서다. 그래서 선사(禪師)들은 한 물건에 대한 탐구와 수증(修證)을 위해 혼신의 힘을 쏟았다. 그리고 한 물건을 탐구한 데서 형성된 의식과 정서는 항상 본질과 자성에 가 닿아 있었다. 이러한 경험을 기초한 해탈의 상상력은 일상을 통해 표현하게 되었다. 여기서 경험을 기초한 상상력이란 수행과 정진을 통해 개오(開悟)한 정신과 의식을 말한다. 그리고 중국선사들은 이렇게 체험을 통해 체득한 견성(見性)의 세계를 표현하는데 문학적 양식을 도입했고 여기서 비유와 상징이 등장되었다. 선사들의 오도(悟道)와 견성(見性)의 세계가 언어를 통해 표현되므로 인해 선시(禪詩)란 새로운 문학적 장르가 생기게 되었다.

 존재의 실상을 직관하는 집중적 사유(思惟)의 훈련은 자성을 환기(喚起)하고 본질을 드러낸다. 그래서 선사들은 오도송이나 임종게(臨終偈)를 통해서 자성을 밝히고 근원으로 돌아가는 의식과 정신을 표출했던 것이다.

죽음이 자유스러워지는 지혜

해가 질 무렵 붉은 낙조에 비친 설악산 단풍은 무어라고 형언할 수 없을 만큼 아름다웠다. 자연을 그대로 보고 있으면 싫증을 느끼게 된다. 자연 자체가 되어야 나무들의 속삭임도 들을 수 있고 흐르는 물소리가 악기가 되어 거문고 소리로 들릴 것이다. 바로 이것이 수행자가 누리는 무소유의 삶이고 행복이다. 이보다 더 큰 것을 소유하려고 할 때 수행자는 어쩔 수 없이 속인(俗人)으로 전락되고 만다.

****

　올해는 설악산에서 머무는 시간이 많았다. 맑은 공기와 물소리를 듣고 있으면 막혔던 가슴이 트이고 열리는 것 같았다. 밤이면 별빛이 쏟아져 내리고 멀리 바다에서 수많은 불빛들이 몰려오는 것 같은 착각에 빠질 때도 있었다. 자연이 빚어내고 있는 여러 가지 조형을 감상하는 일이야말로 나에게는 청복(淸福)이었다.

　자연과 함께 지내려면 지혜와 안목이 있어야 한다. 만약 지혜와 안목이 없다면 무료하고 심심해서 권태에 빠져들고 말 것이다. 그래서 볼 줄 아는 안목이 필요하고 즐길 줄 아는 지혜가 필요하다는 것이다.

　가을이 다가서고부터 내 가슴은 조금씩 설레이고 있었다. 대청봉에서 시작한 단풍은 오색 찬란한 불빛이 되어 하산(下山)을 했다. 특히 해가 질 무렵 붉은 낙조에 비친 설악산 단풍은 무어라고 형언할 수 없을 만큼 아름다웠다. 자연을 그대로 보고 있으면 싫증을 느끼게 된다. 자연 자체가 되어야 나무들의 속삭임도 들을 수 있고 흐르는 물소리가 악기가 되어 거문고 소리로 들릴 것이다. 바로 이곳이 수행자가 누리는 무소유의 삶이고 행복이다. 이보다 더 큰 것을 소유하려고 할 때 수행자는 어쩔 수 없이 속인(俗人)으로 전락되고 만다.

　어느날 공양시간이 되어 밥상 앞에 앉은 나는 갑자기 눈물이 쏟아질 것 같은 고맙고 감사하는 감동에 사로잡혀 버렸다. 왜냐하면 내가 하루 한 일을 돌이켜 생각해 보자 따뜻한 밥과 뜨거운 국 한 그릇을 받아 먹을만큼 한 일이 없었기 때문이었다. 그날따라 밥이 목구멍으로 잘 넘어가지 않았다. 점심공양을 마치고 할 일을 찾아 보았지만 손에 잡히는 일이 없었다. 심하게 나 자신을 꾸짖으면서 무위도식한 무리가 아닌가 생각했다.

나에게 이처럼 넉넉한 삶의 여유와 행복을 준 것은 부처님과 시은 덕분이었다. 그러나 나는 그 시은에 값하는 수행을 하지 못했다.

저녁이 되어 커피 한 잔을 마시면서 생각했다. 아침과 점심 저녁, 따뜻한 밥과 국, 그리고 아름다운 자연을 놔두고 더이상 무엇을 바라고 추구할 것인가. 여기에다가 더 큰 것을 가지려는 것은 욕망이다. 그 욕망은 자신을 속박시키고 탐욕이 되어 나를 파멸시킬 것이다. 오히려 지금 누리고 있는 행복에 한 가지만 빼고 줄여서 남을 도울 수 있다면 사람노릇과 수행자가 해야 할 덕목을 갖게 될 것이다.

여기까지 생각을 하다 보니 마음이 한결 가벼워지고 그동안 잘못 살아온 삶의 자취가 보이는 것 같았다.

누구나 자신의 삶에 욕망 하나를 줄여 그 욕망을 이웃을 돕는 일에 쓴다면 그 삶은 보다 값질 것이다. 사람은 누구나 넉넉해야 남을 도울 수 있다고 생각하지만 여유가 있어 베풀고 나누는 것은 참된 보시(布施)가 아니다. 비록 여유가 없고 가난하더라도 그 가운데에서 남을 도울 수 있는 생각을 일으켜야 참된 베풂이 될 수 있다.

조선시대 선운사에 계셨던 경순스님은 일생 동안 두타행을 실천하면서 굶주린 사람이 있으면 탁발을 해서 먹을 것을 주었고 길가에서 헐벗은 사람을 만나면 자기가 입고 있던 승복을 벗어 주었다. 그는 이웃에게 주지 못해 일생 동안 괴로워하고 안타까워했다고 한다. 이처럼 남을 위해 자신을 버릴 때 본질과 자성(自性)은 드러나기 마련이다.

경통(景通)선사는 앙산(仰山)에게 등나무로 된 주장자로 네 차례나 맞고 깨침을 얻은 선사다. 깨침을 얻고부터 어느 곳에도 집착하지 않고 구름처럼 자유스러웠다. 세상 인연이 다했다고 스스로 판단한 후 들가에 장작을 운반했다. 화장(火葬)을 할 다비목(茶毘木)을 준비한 것이다.

경통선사는 다비목을 준비한 후 신도집을 찾아가 며칠 다녀 오겠다는 하직 인사를 했다. 그러나 신도들은 스님의 임종을 눈치채지 못했다. 경통은 쌓아놓은 장작더미 위로 올라가 삿갓을 쓰고 불을 붙였다. 그는 불길 속에서 나오지를 않고 그대로 입적했다. 자화장(自火葬)을 한 것이다. 늙고 썩어버릴 육체를 마치 헌옷 한 벌 태우듯 태워버린 것이다.

그리고 분양선소(汾陽善昭)스님은 지방 관리의 초청을 여러 차례 거절했다. 그런데 어느날 관리가 와서 스님을 모셔가고자 하자 그는 먼저 관리에게 길을 나서게 한 후 "가기는 가지만 내가 가는 길은 다르다"하고 절 입구를 나서다가 그대로 입적했다. 그는 지금도 서 있는지 모른다.

관계지한(灌谿志閑)화상은 임종에 이르러 "앉아서 죽은 이는 누구인가?" 하고 물었다.

"승가(僧伽)입니다."

"서서 죽은 이는 누구인가?"

"승회(僧會)입니다."

관계화상은 말을 마친 후 자리에 일어나 일곱 발자욱을 걷다가 서서 그대로 입적했다. 그는 수행자가 누워서 죽는 것은 수치스러운 일이라고 생각했다. 그래서 앉아서 입적하는 일도 기특한 일이 아니라고 생각했고, 서서 죽는 일도 많은 선사들이 실천하여 관계화상에게는 관심이 없었다. 그는 마치 자유스럽게 걸어다니는 가운데 열반에 들 수 있음을 보여주기 위해 일곱 발자욱을 걸었던 것이다. 지금도 그는 걸어가고 있다.

올 때는 문득 오고 갈 때는 문득 간다
하늘을 부수고 대지를 뒤엎네.
要行便行　要行便去
撞破天關　撅翻地軸

　　　　　　　　－ 僧寶正續傳

꿈같은 육십칠 년이여
흰 새가 연기처럼 사라지니
가을 물이 하늘에 닿았네.
夢幻空花　六十七年
白鳥煙沒　秋水天連

　　　　　　－ 宏智禪師

천지는 면목이 없는데
도는 형단이 있어
뜬구름같은 이 육체와 이별하니
외로이 밝은 것은 누리에 차네
乾坤無面目　能道有形端
永別浮虛體　孤明渾大閑

　　　　　　－ 松桂和尙

쓸데없는 빈말을 너무 많이 지껄이고
서쪽을 물으면 동쪽으로 대답했네
오늘 아침 크게 한 번 웃고 떠나니
풍악산은 뭇 향기 속에 은은하네.
諸法多差失　問西還答東

今朝大笑失　楓岳衆香中
                          - 楓岳集

기름 다하여 등불 꺼지니
탄지의 소식 누구에게 전하리
가고 머무는 것은 본래 그대로이니
봄바람은 잔설을 쓸고 있네.
畵堂燈已滅　彈指向誰說
去住本尋常　春風掃殘雪
                          - 普燈錄

올해 나이 칠십 여섯
세상 인연이 다했네
살아서는 천당도 좋아하지 않았고
죽어서는 지옥도 두려워하지 않네.
吾年七十六　世緣今已足
生不愛天堂　死不怕地獄
                          - 禪林僧傳

옛 한 그루 나무 있어 차가운 재가 되니

봄이 와도 꽃은 피지 않네
세월이 흐르며 비바람에 꺾이다가
이제 불 속으로 영원히 가네.
一條古木似寒灰　頗有逢春花不開
歲歲年深風雨折　今將都付丙丁臺
　　　　　　　　　　- 任性和尙

지혜의 눈 언제나 열려 있으니
나고 죽음과는 전혀 상관없네
허공에는 맑은 바람 불고
만고에 살아있는 이 소식
常開頂門眼　不關生死路
淸風吹太虛　萬古活一道
　　　　　　　　　　- 作者未詳

나고 죽음은 다함이 없고
그 얼마나 가고 오고 했던가
여기 길을 잘못 들지 않으면
가는 곳이 열반이네
死生無盡日　來去幾多時

自有不錯路　行之卽涅槃
　　　　　　　　　　- 眞覺

뭇 고통이 이를 수 없는 곳
또 다른 천지가 있네
이곳이 어디인가 물으면
열반의 문이 열리는 곳이라 말하리
衆苦不到處　別有一乾坤
且問是何處　大寂涅槃門
　　　　　　　　　　- 白雲禪師

석가도 태어나기 전
달마가 중국에 오기 전
불법은 온 천하에 퍼져 있었고
봄바람에 꽃은 흐드러지게 피고 있네
釋迦不出世　達磨不西來
佛法遍天下　春風花滿開
　　　　　　　　　　- 白雲禪師

지수화풍 사대로 뭉쳐진 이 몸

이제 진여의 세계로 돌아가리
어찌하여 수고롭게 오가며
허깨비 몸을 괴롭히리요
나 이제 적멸의 세계로 돌아가
대화(大化)에 순응하리라.
四大假合 今將返還
何用屑屑往來 勞此幻軀
吾將入滅 以順大化

       - 泗溟

내가 말한 모든 법
그거 다 군더더기
누가 오늘 일을 묻는가
달이 천강을 비추네
吾說一切法 都是早併併
若問今日事 月印於千江

       - 曉峰

사람이 되는 길

"자네도 늙어봐야 사람이 그리운 것을 알게 될 걸세. 특히 중이 늙으면 찾아오는 사람이 없고 젊었을 때 체험한 고독보다 외로움의 무게가 얼마나 크다는 것을 느끼게 될 걸세. 반드시 육신을 태울 다비목(茶毘木)은 준비해 놓고 힘이 있거든 깊은 산속으로 들어가 육신을 버리게."

나는 처음으로 경허(鏡虛)스님이 늙어서 법명도 버리고 나아가 절과 부처까지 버리고 빈 들판에 초가를 지어 야인(野人)이 된 까닭을 알 것 같았다.

****

　아침공양을 마칠 무렵 두 스님이 다투기 시작했다. 싸움의 발단은 모함과 험담 때문이었다. 싸움은 좀처럼 끝날 조짐을 보이지 않았다. 어느 한쪽도 양보할 기미를 보이지 않았고 잘못을 인정하는 쪽도 없었다. 나는 다툼을 말리지 않고 구경만 하고 있었다. 왜냐하면 두 사람의 싸움 가운데 지난날 내 모습이 있는 것 같았기 때문이었다. 스님들의 얼굴은 벌겋게 달아올랐고 입에서 욕설이 튀어나왔다. 서로가 분을 삭이지 못하고 있었다.

　나는 두 스님의 얼굴빛을 자세히 살펴보았다. 평온했던 얼굴에 진심(瞋心)이 가득했고 눈빛은 무서운 적의가 가득했다. 한번 성을 내게 되면 백만 가지의 장애가 일어난다는 지적이 조금도 틀리지 않았다. 그리고 분노를 참지 못하고 몸을 잃게 되면 죽어서 뱀이 된다는 인과론도 틀리지 않은 것 같았다.

　남을 비방하고 모함하는 사람들은 대체로 그럴 듯한 명분을 앞세운다. 그 명분을 자세히 듣고 분석해 보면 자기 인격을 돋보이게 하는 이기심임을 금방 깨달을 수 있다. 두 스님의 싸움은 폭력 직전에 말려서 끝났고 모함을 했던 스님은 저녁이 되어 걸망을 지고 떠나버렸다.

　나는 사람을 만날 때마다 말과 얼굴빛을 살피고 본다. 자기 주장이

강하고 비방을 일삼는 사람들은 얼굴에는 부끄럼이 잘 나타나지 않는다. 그러나 말이 적고 남의 허물을 말하지 않는 사람은 조그마한 진실에도 마음을 열고 감동하는 모습을 보인다. 반면 자기 허물을 깨닫지 못하고 그럴 듯한 명분을 앞세운 사람들은 얼굴에 군살이 박혀 있음을 발견할 때가 있다.

그리고 명분과 논리로 사람의 마음을 휘어잡고 자기 자신이 한 시대의 개혁적 인물인 양 설치며 언론에 자기 과시를 하기도 한다. 그러나 대체로 이런 사람들은 뒤로 남을 험담하고 자기 뜻을 좇지 않는다고 무서운 적의를 드러내기도 한다. 그리고 얼굴을 살펴보면 수행자에게 있어야 할 넉넉한 덕목이나 자비로운 모습을 찾아 볼 수 없고 더러운 걸레를 빨지 않고 그대로 말려 놓은 인상을 발견할 수 있다.

나는 반개혁적인 인물이란 말도 사용치 않는다. 왜냐하면 사회에서 쓰고 있는 개혁이란 말 속에는 낡은 제도를 고쳐 새로운 내용을 담아 보자는 뜻도 있지만 구시대 인물에 대해서는 청산해야 한다는 의미도 담겨 있기 때문이다. 새로운 이상(理想)과 제도는 먼저 사람을 바꾸어야 이루어진다고 믿는 사람들이 개혁을 선호하는 사람들이다. 우리 종단도 개혁의 물결이 일어 많은 스님들이 현직에서 물러나고 징계를 받았다. 그리고 개혁 대상에 속한 스님들을 나름대로 정하여 탄핵을 했고 그때마다 진보와 보수의 갈등이 빚어지기도 했다. 나는 이런 상황을 보고 알 수 없는 비애에 사로잡힌 때가 한두 번이 아니었다.

왜냐하면 개혁적 논리를 앞세워 많은 스님들을 반개혁적 인사로 탄핵하거나 낡은 보수주의자로 몰아부치는 것이 내가 배운 불교 교리의 핵심이 아니었기 때문이다. 불교 교리의 핵심은 어떠한 잘못이나 죄를 지었더라도 교화의 대상에 포함시켜 구제하는 일이 보살의 사명이고 비원(悲願)이다. 잘못이 있으면 반드시 참회의 기회를 주어 거듭날 수 있도록 깨우치는 것이 불교의 자비라고 나는 지금도 믿고 있다.

불교의 개혁 목적은 단순히 제도를 몇 가지 뜯어 고치는 데 있지 않다. 혁범성성(革凡成聖), 즉 범부를 고쳐 성인(聖人)을 이루는 데 있다. 사람다운 인격과 거기다가 깨달음과 지혜와 자비를 구족하게 만드는 일이 불교 개혁이라 할 수 있다. 세속적 개혁의 논리에 오염되어 승단(僧團)을 세속화시키고 있는 점을 깨닫지 못하고 있어 아쉬운 것이 한두 가지가 아니다. 그리고 개혁을 앞세운 스님들에게 끝없는 이해관계를 만들어 내고 있어 때로는 무서운 전율을 느낄 때도 있다.

절집 속담에 중은 나이가 들수록 값이 나간다는 말이 요즈음처럼 실감날 때가 없고 참사람의 냄새가 나는 사람들이 무척 그리워진다.

내가 사미(沙彌)시절 어느 노스님에게 들은 이야기다. 설화(說話) 한 꼭지를 설명하는 것 같아 귀를 모아 들었다. 그리고 그 내용이 유년(幼年)의 기억 속에 박혀 사라지지 않고 지금은 수행 생활을 통해 활용하기도 하고 입증될 때도 있었다.

옛날 김천 직지사 노승 밑에 두 제자가 있었는데 한 스님은 스승의 총애를 받았고 제자 한 사람은 별로 관심을 갖지 않았다고 한다. 총애를 받는 제자는 머리가 명석하고 얼굴이 잘생겨 후계자를 삼는 데 손색이 없었다고 한다. 그러나 한 제자는 머리도 나쁠 뿐 아니라 얼굴도 박복하게 생겨 어느 한구석 스승의 관심을 끌만한 곳이 없었다.

그런데 잘생긴 제자가 어느날 스승 앞에서 어머니의 위독함을 전갈받고 집에 갔다 오겠다고 말하는 것이었다. 스승은 단호하게 거절했지만 제자 역시 뜻을 굽히지 않았다.

스승은 할 수 없이 승낙을 하고 깊은 수심에 빠져 버렸다. 왜냐하면 저 길로 집에 가 환속(還俗)하지 않나 하고 염려했기 때문이었다.

그 제자는 어머니를 뵙고 절로 돌아오는 길에 꽃가마 하나를 만나게 되었다. 나에게 이야기를 들려주는 노승은 추풍령 근처라고 지명까지 밝혀 주었다.

꽃가마는 젊은 스님 곁에 와 멈추었다. 가마를 메고 있던 사람들이 스님에게 다가와, 가마 속에 있는 처녀는 집안이 멸문(滅門)의 화를 당하여 죽게 되었으니 스님이 데려가서 출가를 시켜 달라고 애원했다. 처녀를 살릴 사람은 스님밖에 없다며 간절하게 호소했다.

그러나 젊은 스님은 그 간절함을 외면한 채 여자와 재물을 가까이 하는 것은 독사에게 물린 것보다 큰 화를 당한다는 생각밖에 하지 않았다. 이때 가마 문을 열고 아름다운 처녀가 스님 곁에 다가와 다음과 같은 시(詩)를 읊었다고 노승은 전해 주었다.

추풍령 고개 위에 처음 그대를 만나
황죽교 다리 가에서 다시 그대와 이별을 하네
도화꽃이 땅에 떨어지니 봄 자취를 볼 수 없고
차가운 달, 빈 산에서 얼마나 그대를 생각할 것인가.
秋風嶺上始逢君　黃竹橋邊更別君
桃花落地春無蹟　寒月空山幾思君

아름다운 처녀가 읊은 시 속에는 그리움과 애환이 담겨 있다. 처음 그대를 만나 다시 이별하게 된 것을 가슴 아파하고 복숭아꽃이 저버리면 봄 자취가 없다고 했다. 그것은 여자로서 일생을 다하지 못하고 죽게 되는 것을 슬퍼하는 내용이다. 그리고 만약 스님이 나를 버리고 그대로 간다면 자신은 이곳에서 죽어 혼령만 남아 차가운 달, 텅 빈 산속에서 그대를 생각할 것이라고 간절히 호소하고 있다.

옛날 전해 내려온 설화나 전설 속에서도 이와 비슷한 경우를 볼 수 있듯이 이런 경우에 여자들은 상사(相思)병을 앓거나 죽어서는 원귀(寃鬼)가 되는 경우가 많았다.

젊은 스님은 절로 돌아와 스승 앞에 섰다. 기뻐한 스승은 제자의 얼굴빛을 살핀 후 얼굴이 일그러졌다. 그리고 무슨 일이 없었느냐고 물었다. 왜냐하면 제자의 얼굴에 살기(殺氣)가 있었기 때문이었다. 제자는 있었던 일을 자랑삼아 말했다. 특히 여자의 유혹을 뿌리친 대목에 힘을 주었다. 스승은 탄식하며 말했다.

"죽어가는 사람을 살리지 못한 네가 어찌 중이라고 하겠는가?"

그리고는 제자를 쫓아 버렸다고 한다.

제자는 그 길로 절 밑 마을에서 아이들을 가르치다가 어느날 미친 개에게 그곳을 물려 죽었다고 노승은 전해 주었다.

한 제자의 이야기를 마친 노승은 다시 다음 이야기를 이어갔다.

못생긴 제자가 어느날 집에 갔다 오겠다고 말하자 스승은 아무 기색도 내보이지 않은 채 승낙을 했다. 집에서 돌아오던 제자는 황죽교 다리에 이르러 홍수를 만났고 심한 물결에 수십만 마리의 개미떼가 떠내려가는 것을 보고 하루 종일 나무로 그 개미떼가 땅으로 돌아올 수 있도록 해 주었다. 그리고 절로 돌아와 스승에게 인사를 했다.

스승은 제자의 얼굴을 살펴보고 깜짝 놀랐다. 그전에 보지 못했던 복(福)이 들어 있었고 박복했던 모습이 자비스럽고 인자한 얼굴로 바뀌어 있었다. 스승은 자초지종을 물었고 제자는 대수롭지 않게 사실 그대로를 말했다.

이야기를 마친 노승은 중에게는 지혜도 있어야 하겠지만 남을 위해 복(福)을 짓는 복전(福田)이 되어야 한다고 일러 주었다. 나는 그때 노승이 전해준 감동적 이야기를 삶의 교훈으로 삼고 있다. 비록 설화나 전설적 요소가 있다 하더라도 실제 수행생활을 통해 체험하고 있기 때문에 그때의 감동을 지금도 버리지 않고 있다.

노승은 달관의 입장에서 앞날을 직시하고 있었다.

"자네도 늙어봐야 사람이 그리운 것을 알게 될 걸세. 특히 중이 늙으면 찾아오는 사람이 없고 젊었을 때 체험한 고독보다 외로움의 무게가 얼마나 크다는 것을 느끼게 될 걸세. 반드시 육신을 태울 다비목(茶毘木)은 준비해 놓고 힘이 있거든 깊은 산속으로 들어가 육신을 버리게."

마치 유언처럼 들려준 그 이야기가 나이 육십을 바라보게 되자 나의 현실로 다가섰다. 나는 처음으로 경허(鏡虛)스님이 늙어서 법명도 버리고 나아가 절과 부처까지 버리고 빈 들판에 초가를 지어 야인(野人)이 된 까닭을 알 것 같았다.

육신을 산짐승에게 주어라

팔십일 년 동안
이 한 마디뿐
여러분들 잘 있게
부디부디 말하지 말라
八十一年 只此一語
珍重諸人 切莫錯擧
- 萬松行秀

****

　중국 온주(溫州) 서록사(瑞鹿寺) 과안선사(過安禪師)의 입적은 다른 선사들에 비해 독특한 데가 있었다. 그는 천태선사에게 《능엄경》을 배우고 법을 이어받았다. 그가 임종에 이르러 향수로 몸을 씻은 후 옷을 갈아입고 단정히 앉아 제자들에게 관(棺)을 가져오도록 했다. 관을 방안으로 가져오자 스스로 관 속으로 들어가 나오지 않았다. 제자들이 궁금하여 3일이 지난 후 관을 살짝 열었을 때 선사는 오른쪽 겨드랑이를 대고 편안히 누워 있었다.
　스님의 모습을 보고 제자들이 통곡하자 다시 관 밖으로 나와 법문을 한 후 "이번에 나의 관을 여는 이는 나의 제자가 아니다"라고 말한 후 입적해 버렸다.

❀

　단하천연(丹霞天然)선사는 우리에게 잘 알려져 있지만 자세한 행장(行狀)은 남아있지 않다. 《전등록(傳燈錄)》에 그의 유년(幼年) 시절과 출가를 한 후 뛰어난 안목과 대기대용(大機大用)으로 중생을 깨우치고 목불(木佛)을 태워 사리(舍利)를 찾는 어리석은 사람들에게 참다운 부처가 무엇인가 자각케 한 일화는 매우 인상적이고 감동적이다.

그는 처음에 유교에 심취하여 과거를 보려고 서울로 가다가 여관에서 하룻밤을 지냈는데 그날 밤 꿈에 방안에 광명이 가득한 꿈을 꾸고 해몽에 따라 출가를 결심한 사람이다.

여관에서 하룻밤 묵고 길을 나서자 낯선 선객(禪客)이 길을 막았다.
"선생은 어디로 가는가?"
"과거를 보러 간다."
"과거를 보는 것이 부처를 보는 것만 하겠는가?"

그 길로 강서(江西)로 가서 마조(馬祖)를 친견하자,
"그대는 남악(南嶽)의 석두(石頭)가 그대의 스승이다"고 길을 일러 주었다. 그는 바로 석두를 친견하고 제자가 되었다. 석두는 천연에게 방앗간 일을 하도록 했고 천연은 3년 동안 아무 불평없이 지냈다.

어느날 석두는 대중들에게 법당 앞의 풀을 깎으라고 당부했다.

이튿날 대중들은 풀을 베었으나 천연선사는 세숫대야 물을 떠서 머리를 감고 석두 앞에 무릎을 꿇고 앉아 있었다.

석두가 기쁜 듯이 한바탕 웃고 나서 머리를 깎아주고 계법(戒法)을 말해 주려고 할 때 천연은 귀를 막고 나가 버렸다.

그리고 다시 강서로 가서 마조(馬祖)를 친견하기 전에 큰방으로 들어가서 성승(聖僧)의 목을 타고 앉으니 대중이 깜짝 놀라 마조에게 알렸다. 그의 행동은 이처럼 파격적이고 경이로운 데가 있었다.

마조가 큰방에 들어와 대중들에게 말했다.

"내 자식아, 참으로 천연(天然)스럽구나!"

그는 마조 앞에 절을 하면서 "이름을 지어 주어 감사합니다" 하고 인사를 했다. 그의 이름은 이렇게 지어졌다.

천연의 파격적이고 격외적인 발언은 일상에 집착되어 있는 사람들에게 충격을 주었다. 장경(長慶) 4년(824) 6월 23일에 "목욕물을 데워라. 나는 떠나야 한다"고 말한 후 삿갓을 쓰고 지팡이를 짚고 신을 신은 후 한 발을 내딛으려고 했지만 발이 미처 땅에서 떨어지지 않았다. 그는 선 채로 입적을 했다. 깨달음의 정신이 육신까지 자재하게 만들고 있음을 발견할 수 있다.

❈

중국 현응(玄應)선사는 어릴 때 출가하여 개원사(開元寺) 구불원(九佛院)에서 구족계(具足戒)를 받고 율장(律藏)과 대장경을 배우고 백룡도회화상의 슬하에서 깨달음을 얻었다. 그리고 다시 고향인 청활(淸豁)로 돌아가 보복암(保福庵)에서 청활선사를 친견하여 생사의 자유를 얻을 수 있었다.

임종에 이르러 "내가 죽거든 상복을 입거나 곡(哭)을 해서는 안 된다"는 유언을 남긴 후 깊은 잠 속으로 빠져 들었다.

고요가 너무 깊었다.

그리고 행인(行因)선사는 유년에 출가하여 녹문사 처진(處眞)선사를 뵙고 제자가 된 후 토굴에서 정진했다. 그는 홀로 있는 것을 좋아했다. 그리고 제자들을 두지 않은 것으로 유명했는데 늙어서는 시봉할 제자가 없어 대중들이 다투어 스님을 모셨다. 그러나 비록 시봉은 없었으나 만물과 벗을 삼고 있어 항상 스님 곁에는 사슴과 다른 짐승들이 따라 다녔다. 이러한 스님의 수행과 덕망을 존경하여 그 고을 자사(刺史)가 뵙기를 청했으나 거절하고 자취를 감추어 버렸다.

자신이 거느리고 있는 작은 공간의 고독을 침해받지 않고 싶었다.

어느날 대중과 대화를 나누다가 스님은 자리에서 일어나 길을 나서는 사람처럼 두어 걸음 걷다가 우뚝 서서 입적해 버렸다. 육신만 홀로 두고 정신적 자아만 걸어가고 있었다. 스님이 열반한 후 바위 곁에 있던 소나무가 같은 날 이유없이 말라 죽었다.

《전등록》에 등장된 선사들 가운데 자기 육신을 이처럼 헌식짝처럼 버리고 그 육신을 굶주린 짐승들에게 나누어 주도록 유언을 남기고 자신이 죽고 난 후 부도(浮屠)와 탑 조성을 위해 또 한번 시은을 져야 하는 것을 미리 알고 부도와 탑까지 만들지 말라고 당부한 분이 바로 청활선사다. 눈밝은 선지식일수록 권력과 가까이하지 않았고 임금의 부름에도 응하지 않았다. 절대 권력을 지닌 사람들은 시야가 좁아지고 귀가 작아진다. 그래서 고언(苦言)을 싫어한다.

중국 전존(全存)선사는 청평화상에게 득도하고 피나는 정진으로 천하를 바라보는 안목을 얻었다. 제방에서 그의 이름을 모르는 사람이 없었고 삼라만상을 법신으로 파악하는 지혜 때문에 뭇사람들의 존경을 받았다.

충헌왕(忠獻王)이 자색(紫色) 방포(方袍)를 하사했으나 그는 받지 않고 거절했다. 왕은 납의(衲衣)로 고쳐서 하사하고 순일대사(純一大師)라고 불렀다.

그는 임종에 이르러 제자들에게 "내가 꾸며서 왕의 뜻을 거절한 것이 아니라 뒷사람이 나를 흉내내어 욕심을 부릴까 걱정하여 받지 않았다"고 말한 후 제자들을 물리치고 홀로 앉아 입적했다.

바람을 꾸짖다가 비를 꾸짖으나
부처와 조사는 알지 못하네
눈 깜짝할 사이 몸 바꾸니
번갯불도 오히려 늦네.
訶風罵雨　佛祖不知
一機瞥轉　閃電猶星

- 圓通國師

칠십팔 년 만에 고향에 돌아가니
이 산하대지 온 우주가 다 고향이네
삼라만상 모든 것을 내가 만들었으니
이 모든 것은 본시 내 고향이다.
七十八年歸故鄕　天地山河盡十方
刹刹塵塵皆我造　頭頭物物本眞鄕

　　　　　　　　－ 懶翁禪師

그대들을 만나 명검을 주노니
부디 칼날에 이끼 끼지 않도록 하라
오온산에서 적을 만나거든
한 칼에 모두 베어 버려라
逢君贈與鏌鋣劒　勿使鋒鋩生綠苔
五蘊山前如見賊　一揮能斬箇箇來

　　　　　　　　－ 碧松

옷 한 벌과 한 개 발우에
선문을 자유로이 들고 나네
저 모든 산의 눈을 다 밟은 뒤
이제는 돌아와 흰구름 위에 누웠네.

一衣又一鉢　出入趙州門
踏盡千山雪　從來臥白雲

— 碧松

천 가지 계책과 만 가지 생각
붉게 타는 화로에 한 송이 흰 눈
진흙소가 물 위를 가고
대지와 허공이 찢어지네.
千計萬思量　紅爐一點雪
泥牛水上行　大地虛空裂

— 西山

석 자의 명검을
여러 해 북두의 별 속에 감추어 두었더니
하늘에 구름이 흩어지자
비로소 그 칼날이 드러나네
三尺吹毛劍　多年北斗藏
太虛雲散盡　始得露鋒鋩

— 靜觀

한 번 누더기를 세상에 맡겼으니
고요한 산속에 앉아 하는 공부는 진짜가 아니네
범의 소굴 악마의 궁전을 누비면서
이 천지에 노니는 나그네 되리
一肩霞衲任風寒　定靜功天亦不眞
虎穴魔宮隨處樂　逍遙天地作閑人

- 靜觀

해탈이 해탈이 아닌데
열반이 어찌 고향이리요
저 지혜의 칼이 빛나니
입 벌리면 그대로 목이 잘릴 것이다.
解脫非解脫　涅槃豈故鄕
吹毛光爍爍　口舌犯鋒鋩

- 逍遙

분명한 이 한 글귀에
더이상 머뭇거림 없네
차가운 연못에 달이 지고
옛 나루터는 연기 속에 멀어져 가네.

當陽一句　更無回互
月落寒潭　烟迷古渡

　　　　　　　　　　- 작자 미상

팔십일 년 동안
이 한 마디뿐
여러분들 잘 있게
부디부디 말하지 말라
八十一年　只此一語
珍重諸人　切莫錯擧

　　　　　　　　　　- 萬松行秀

육십삼 년 동안
단 한 마디 말도 하지 않았네
바람따라 구름따라 오고 갔을 뿐
하늘에는 다만 달만 떠있네
甲子六十三　無法與人說
任運自去來　天上只一月

　　　　　　　　　　- 작자미상

한낮의 장검 한 자루 하늘 높이 서 있으니
그 누가 이를 바라볼 수 있으리요
이 몸마저 벗어던진 채 앞으로 나아가면
온누리에 해골만 차갑게 빛나리.
雲刃倚天勢　難客正眼看
棄身埃得去　遍界髑髏寒

　　　　　　　　　　- 일본 大覺선사

법에 얽히면 원래 미하게 되고
법을 깨쳤다 해도 또한 진리가 아니니
깨친 그 마음조차 없어진 자리라면
비로소 열반을 얻었다 하리
법에 얽힘도 일어나지 않으면
이것을 무엇이라 이르리요
눈앞에 가는 먼지 다 끊어지니
누가 성현이라 부르지 않으리
의당 이와 같으나
사람들이 잘못 알까 저어하노니
빈 낚시 드리웠다고 나무라지 말라
이제 낚시 거두어들이고

배에 가득 싣고 돌아가리니.

取法元是迷　悟空亦非眞

悟心斯亡處　是得大涅槃

只如法不生　作摩生相道

目前絶纖塵　號誰爲聖賢

雖然伊麽　恐人錯會

莫謂多時空下釣　如今釣得滿船歸

　　　　　　　　　- 涵虛得通

시주의 땅을 더럽히지 말라

마음 공부를 한 사람이 그동안 갈고 닦은 슬기로 사람이 되어 있지 않거나 수행의 향기와 지혜가 없다면 그것은 빈 껍데기라고 말할 수 있다. 수행이란 새롭게 자기를 형성하는 일이요, 거듭 태어난다는 의미를 갖고 있다. 꽃은 피었다가 져도 항상 새롭게 피어난다. 지혜와 자비로 수행자가 새롭게 피어나지 못한다면 그것만큼 불행한 일도 없다.

****

지난밤에 비가 내리더니 새벽부터 비가 개었다. 하늘도 한층 맑았고, 바람도 싱그러웠다. 아침 공양을 하고 밭에 나아가 채전밭에서 일했다. 노동을 그동안 거의 하지 않아 모든 일이 서툴렀다. 그러나 잡초를 뽑고 배추와 시금치를 하나하나 솎을 수 있어 나름대로 보람이 있었다. 너무 총총히 박혀 있으면 풀과 채소 그리고 나무도 제대로 성장을 하지 못한다. 그래서 사람 손이 필요한 것이다. 콩나물도 너무 총총히 자라 있으면 그것을 뽑아 주어야 탐스럽게 자랄 수 있다. 채소도 마찬가지다. 곁가지를 쳐주고 한 군데 몰려 있는 배추와 시금치는 솎아 주어야 제대로 자랄 수 있다. 배추를 솎다가 문득 사람이 살아가는 것도 이와 다를 바 없다고 생각했다.

바로 그것은 지혜로운 처세기술이기도 하다. 한 단체에서 급작스럽게 성장하는 사람은 보다 많은 사람들로부터 견제받기가 쉽고 모함과 비난을 받을 수 있다. 그동안 살아오면서 체험한 일이다. 사람들과 함께 가지 않고 너무 앞서 가면 반드시 장애가 따르기 마련이다. 마치 빨리 자란 콩나물과 채소를 뽑아버리듯 제거해 버린다. 그래서 비록 뛰어난 능력을 가졌더라도 지나치게 자신을 중심인물로 만들면 미움을 살 수 있다. 그래서 매사에 뛰어나려고 하지 말아야 한다. 탁월한 가운데 그만큼 큰 결점도 있다는 것을 알아야 한다.

비록 남보다 뛰어난 힘을 가졌다 하더라도 자신의 지혜와 능력을 한번에 사용해서는 안 된다.

내가 살아오면서 체험한 일이지만 땀을 흘려 얻은 결실만큼 소중한 것은 없었다. 그리고 자신이 손해를 보더라도 참는 것만큼 좋은 일은 없었다. 실행하기가 어렵지만 지혜의 절반을 참는 데 쓸 줄 알아야 한다.

경계에 이끌려 다니는 사람은 사물의 내면을 들여다보지 못하고 현상에만 집착하여 본질을 잃을 때가 많다.

정치적 이해관계에 얽매여 도반을 잃지 말아야 한다. 도반을 보존하는 일은 큰 이익을 얻는 것보다 더 소중하다.

나에게는 한 사람의 도반이 있었다. 그 도반의 청이 있을 때 정치적 이해관계로 잠깐 머뭇거리다가 "지금 죽어서 다시 태어나도 자네같은 친구를 얻을 수 없다"고 말한 일이 있다.

도반이 없는 것보다 큰 적막은 없다.

아무것도 모르고 할일이 없는 것이 잡다한 지식보다 나을 때가 있다. 지식에 얽매여 남을 혼란케 말아야 한다.

❀

 낙엽이 떨어지고 나니 산과 나무들은 앙상한 뼈마디만 드러낸 채 구름 가운데 서 있다. 적나라한 본체를 드러낸 것이다. 그래서 산을 바라보면 산 전체가 수척해 있음을 발견할 수 있다. 그리고 낙엽이 물든 산만 아름다운 것이 아니라 본체를 드러낸 모습도 아름다웠다. 거추장스러운 것 다 버리고 본질로 돌아가 있는 모습에는 침묵이 있고 고요가 있어 아름다워 보였다.
 본질로 돌아가야 본래 자기 모습을 드러낼 수 있다. 가끔 다양한 직업을 가진 사람과 벼슬이 높고 낮은 사람 그리고 가진 사람과 못 가진 사람들을 만나다 보면 자기 본색을 드러내는 경우가 많음을 깨달을 때가 있다.
 자기 본래 모습에서 이야기하는 것이 아니라 직업에 의해서 자기를 표현하고, 벼슬이 높은 사람은 사람의 바탕에서 이야기를 하고 있는 것이 아니라 높은 지위에서 사람을 내려다보고 이야기를 듣고 말하는 사람들이 많다. 자기 모습은 숨겨 놓고 벼슬만 드러내 놓고 있는 것이다. 이럴 때 대화는 단절되고 만다. 왜냐하면 인간이 있어야 할 자리에 벼슬만 있기 때문이다.
 그리고 가진 사람들은 항상 사람들을 얕잡아보고 자기들은 특별한 계급을 가진 사람처럼 처신하는 경우가 있다. 낙엽이 진 나무처럼 적나라한 자기 모습은 드러내 놓지 않는다.

그뿐 아니다. 대부분 사람들은 자기 중심에서 벗어나지 못하고 모든 문제를 해석하고 판단하려고 한다. 많은 지식을 가진 사람도 그 지식에 얽매여 사물의 핵심에 도달하지 못한 경우가 있다. 아만과 자만에 빠져 있어 상대의 내부(內部)를 읽지 못한 것이다. 이런 경우 나는 말문을 닫아버린다.

특히 근래 들어 나이 오십을 넘긴 스님들과 만나 이야기를 하다 보면 가슴이 답답하고 실망하는 경우가 많다. 왜냐하면 이야기 내용이 아집을 벗어나지 못할 뿐 아니라 사람의 마음을 읽는 안목도 있어야 하고 남의 이야기에 귀를 기울이는 겸손도 있어야 하는데 그것을 기대할 수 없기 때문이다.

그리고 비록 듣기 싫은 이야기도 수용할 줄 아는 넓은 가슴이 있어야 하는데 사람의 내면(內面)을 읽는 지혜를 찾아볼 수가 없다. 끝없는 이익에 사로잡혀 자기 자신도 제대로 읽지 못하고 있다. 그래서야 어찌 자기 모습을 깨닫는 지혜와 수행의 향기를 기대할 수 있겠는가. 자기를 제대로 읽을 줄 아는 안목이 있어야 중생을 바라보는 안목이 열린다.

수행인이 육십이 되도록 눈앞에 보이는 이익과 명예에 사로잡혀 있으면 속인과 달리 추해 보인다. 학문을 30년 간 한 학자는 나름대로 전문지식과 안목을 갖고 있을 뿐 아니라 경험과 경륜으로 후학을 일깨울 수 있지만 마음 공부를 한 사람이 그동안 갈고 닦은 슬기로 사람이 되어 있지 않거나 수행의 향기와 지혜가 없다면 그것은 빈 껍데기라고 말할 수 있다. 수행이란 새롭게 자기를 형성하는 일이요, 거듭 태어난다는 의미를 갖고 있다.

꽃은 피었다가 져도 항상 새롭게 피어난다. 지혜와 자비로 수행자가 새롭게 피어나지 못한다면 그것만큼 불행한 일도 없다.

❀

12월로 접어들어 이른 아침부터 비바람이 치더니 추운 날씨 때문에 비는 눈으로 변해 날리고 있다.

벌써 한 해가 다 기울어 가고 있다. 사람들은 20세기를 마감하고 새로운 천 년을 맞는다고 들떠 있다. 그리고 새천년의 새로운 시작을 앞두고 일출(日出)을 보기 위해 많은 사람들이 바다가 있는 곳으로 모인다는 소식이 전해지고 있다. 새로운 세기를 맞아 출발하는 것은 뜻있는 일이다.

그러나 나는 새천년을 맞는 기분이 들지 않는다. 그만큼 감정도 메말라 있고 새로운 바람도 없다. 아직도 내면의 눈이 열리지 못하고 경계에 마음이 이끌리고 있는 자신을 주체하지 못하고 있기 때문이다. 그렇다고 새천년이 시작된다고 해서 나 자신이 급작스럽게 변화한 것도 아니고 부족한 내 자신이 갑자기 넉넉해지는 것도 아니다. 사람은 누구나 시간과 사회적 지배를 받고 살아가지만 자신은 현존재란 것을 깨달아야 한다.

고려시대 보조선사는 새해를 맞을 때마다 나이가 한 살 줄어든다고 했고 임제선사는 바로 지금이지, 다른 시절은 없다(卽時現今 更無時節)고 했다. 그렇다. 지금이 바로 그때이지 다른 시절이 있는 것은 아니다. 지금 자신이 처해 있는 그 자리에서 최선을 다해야 해가 바뀐다고 저절로 달라지는 것은 아니다.

눈이 날리다가 멈추자 바람이 세차게 불어댔다. 그 순간 전화벨 소리가 울려 받아보니 향적스님의 목소리였다. 그의 목소리에 물기가 배어 있었고 울먹이고 있었다. 무슨 일이 있었느냐고 묻자, 은사스님이 열반했다고 말하면서 반쯤은 울고 있었다. 나는 매몰차게 "어찌 출가 사문이 아침부터 울고 있는가. 오히려 이런 때를 당해 살아있는 말을 한 마디 하든가, 그렇지 않으면 춤이라도 추어야지"하고 말을 하자, 그는 은사스님에게 정이 들어서 그렇다는 것이었다. 그러더니 목소리가 맑아지고 장례식 걱정을 했다.

전화를 끊고 나니 갑자기 주위가 허전했다. 우리 곁에 계신 선지식들이 사라진 데서 오는 허탈감이었다. 나는 일타스님을 가까운 거리에서 모시고 살지는 못했다. 다만 내가 상주 포교당 주지를 할 때 성도절 법회에 법문을 요청하여 일주일간 스님의 법문을 들은 것이 전부였다. 그때 스님은 부처님 은혜는 많이 입었는데, 자신은 한국 불교를 위해 헌신한 일이 없다고 말하고 죽어서는 다시 이 땅에 태어나지 않고 자원이 풍부하고 복지시설이 잘 되어 있는 미국에 태어나 중노릇을 하고 싶다고 말했다. 그런데 스님이 입적한 곳은 은해사가 아니고 미국이었다.

문상(問喪)을 가서 들은 이야기지만 스님은 제자에게 "나는 이대로 죽어 다시 미국에 태어나고 싶다. 그리고 시신은 화장해 고무 풍선에 달아 재를 뿌리도록 하라. 번거롭게 썩고 없어질 시신을 고국으로 옮겨 다비식을 하지 말라"고 유언을 했다고 제자들이 전해 주었다. 그러나 유언은 지켜지지 않았다. 미국 땅에 원력만 남긴 채 혼령과 함께 고국으로 돌아왔다. 왜냐하면 문도들과 신도들의 간절한 요청이 있었기 때문이다.

상주 포교당에서 일주일간 머물 때 내가 받은 인상은 스님은 다른 스님들과 비교해 한역 경전을 배워 나름대로 통달해 있었고 특히 율장에 뛰어난 지식과 안목을 갖고 있었다. 그리고 젊은 날에는 세계문학전집을 비롯해 역사와 철학과 관련된 책을 많이 읽었다고 술회했다. 그래서 스님은 보살계를 설할 때마다 교수아사리가 되어 계율을 체계있게 해석하고 신도들에게는 맛있는 음식을 먹을 때 입맛을 다시게 하듯 비유를 들어 알아들을 수 있도록 설법을 하여 법문을 들은 사람들이 그 감동을 오래 간직하도록 했다.

젊은 날에는 오대산 상원사 적멸보궁에서 밤낮을 잊고 정진을 하면서 다섯 손가락을 태우는 연비를 했다. 참으로 무서운 인내와 원력이 스님에게 있었음을 깨달을 수 있다. 손가락 하나를 태우는 데도 참기 어려운 고통이 수반되고 인내가 없이는 불가능한 일을 스님은 신심과 결의로 그 고통을 극복했고 인내는 인욕 정진으로 성취되어 숙세의 죄업을 소멸하고 중생에게 선근을 심어줄 수 있는 복전(福田)이 되었던 것이다.

나는 큰스님의 연비한 손을 볼 때마다 그때의 고통이 전율이 되어 나에게 감전되고 있음을 느낄 수 있었다. 인욕과 신심이 얼마나 아름다웠으면 그리 지극한 자애를 낳게 했는지 스님만이 알고 있는 비밀 같았다.

12월 4일 은해사 도량으로 들어갔을 때 해가 기울고 있었다. 영전(靈前) 앞에서 절을 하고 연꽃같이 환하게 웃고 있는 모습을 한참 바라보다가 물러섰다. 그때 부드러운 손끝이 장삼가락을 잡아당기는 것 같아 고개를 돌려 눈빛을 영정(影幀)에 쏟았을 때 스님은 한마디 하고 가야지 그냥 가느냐고 말을 하는 것 같았다.

나는 방안에서 나와 혼자 생각을 했다. 도대체 무엇 때문에 장례식이 슬픔으로 가득 채워져야 하는데 이토록 넉넉하고 초탈의 분위기만 있는 걸까. 그것은 일반적인 죽음이 아니었기 때문이었다. 스님의 법신은 자유스러워져 있었다. 그 신령스러운 자성(自性)은 나고 죽음의 지배를 받지 않기 때문에 슬픔을 찾아볼 수 없었다. 본래 한 물건도 없다고 했는데 어찌 생멸이 있고 시종(始終)이 있겠는가. 헌옷 벗고 본래 자기 모습으로 돌아가 있기 때문에 죽음이 이처럼 넉넉하고 초탈의 분위기를 자아내고 있는 것이다.

일주문을 벗어났을 때 나는 몹시 허전하고 허탈하여 공복감을 느꼈다. 그것은 정신적 허기였다. 우리 주위에 있는 큰스님들이 사라지고 몇 사람 남지 않은 가운데 스님이 입적한 데서 오는 허탈감이었다.

한국 불교를 버티고 있는 축대들이 무너지고 이제는 찾아가 뵈올 스님이 없는 것 같았다. 그것은 절망이고, 적막이었다.

나는 속으로 미국 땅에 혼령이 인연을 맺지 않고 이 땅에 있는 인연과 다시 계합하고 있는 것을 참으로 다행스런 일이라고 생각했다. 그러나 스님의 유언을 따르지 않아 많은 사람들을 번거롭게 한 것은 사실이었다. 그래서 스님은 이러한 번거로움을 미리 알고 화장한 재를 뿌리라고 했던 것이다.

중국 지단(志端)선사는 큰스님보다 제자들에게 더 철저한 유언을 했다. 살아서도 시주의 은혜를 겼는데 죽어서까지 빚을 지고 싶지 않았다. 그는 임종에 이르러 "그대들을 버리고 떠나리라. 나의 시신을 시주의 땅에서 태우지 말라. 태운 재가 사방에 흩어져 시주의 땅을 차지하지 않게 하라"는 유언을 남기고 입적했다.

월산(月山) 조실스님도 다비를 하고 사리(舍利)를 수습치 말라 하신 후 뼛가루를 자신이 거처하던 주위에 뿌려 달라고 유언하여 제자들이 평소 큰스님께서 산책을 하던 곳에 뿌린 일이 있다.

남악현태(南岳玄泰)선사는 다른 선사들에 비해 매우 독특한 운력(運力)을 하기를 좋아해 스스로 밭을 일구어 채소를 가꾸는 것을 좋아했다. 대중과 어울려 있는 것보다 독거를 좋아했고 남이 자기 생활에 끼여드는 것을 몹시 싫어했다. 그래서 그는 제자를 한 사람도 두지 않았을 뿐 아니라 그의 법을 배우려고 찾아오는 사람을 쫓아버렸다.

덕산(德山)스님에게 인가를 받은 후부터 깊은 산에서 내려오지 않고 홀로 정진했다. 그가 임종에 이르러 처음으로 사람이 없다는 것을 깨닫고 십 리 길을 걸어 큰절에 있는 스님을 모시고 와서 화장 준비를 했다. 다비목(茶毘木)을 준비한 스님은 다음과 같은 임종게를 남겼다.

금년에 내 나이 육십오세
육신은 이제 주인을 떠나가려고 한다.
지켜온 도는 깊고 깊은데
이 가운데 불조(佛祖)는 없다.
今年六十五　四大將離主
共道白玄玄　箇中無佛祖

선사는 눈을 지그시 감고 누워 한 발을 든 채 입적했다. 자신의 진목을 얼마나 철저하게 알았기에 사람도 쫓아버리고 홀로 지내다가 임종에 이르러 화장해 줄 스님을 찾아나셨겠는가. 고독할수록 자성(自性)은 신령스럽게 홀로 빛나게 마련이다. 그래서 홀로 있는 것도 인내가 필요하다.

떠나는 자유

금년에 쉰세 살인데
발에는 한 치의 흙도 밟지 않았다
산하는 내 눈동자요
큰 바다는 내 배이다.
今年五十三　脚未踏寸土
山河是眼睛　大海是我肚

****

　현태지휘(玄泰智暉)선사는 함태(咸泰)에서 출생했다. 속성은 고씨였다. 유년시절부터 절에 다니기를 좋아했다. 이러한 인연으로 끝내 규봉(圭峰)에게 득도했고 본인(本仁)화상을 찾아가 의심난 것을 참문했다. 이때 일대사 인연을 깨달아 마쳤고 불조의 심인(心印)을 깨달아 다시는 부처와 조사를 의심하지 않았다.

　그는 낙경(洛京)으로 자리를 옮겨 중탄(中灘)에 자리를 잡고 온실원(溫室院)을 창건했다. 이때부터 그는 중생의 병을 걱정하여 항상 약을 만들어 아픈 사람이 있을 때마다 주었다. 약을 먹은 사람들은 특별한 효험이 일어나 병이 완치되었다.

　이때 스님 한 분이 나병에 걸려 고통받고 있었는데 대중들은 그와 함께 있기를 꺼려하고 싫어했다. 나병에 걸린 스님은 대중과 격리되어 방 한 칸을 얻어 정진했다.

　지휘선사는 나병에 걸린 스님을 자신의 방으로 오도록 하여 같이 있자고 했다. 모든 대중이 싫어하는 사람과 그는 같이 있으면서 아픔을 같이하고 싶었다. 지휘선사의 간청이 너무 간절하여 끝내 거절치 못하고 한 방에서 지냈다. 지휘선사는 날마다 나병에 걸려 있는 비구의 몸을 씻어 주고 자신이 직접 만든 약을 먹도록 했다. 나병에 걸려 있는 수행자는 눈썹이 빠지고 손가락이 떨어져 고름이 흐르고 있었다.

하지만 지휘선사는 조금도 더럽다는 생각을 일으키지 않고 날마다 그 몸을 깨끗이 씻어 주었다. 지극한 자비로 한 몸이 되어 오직 비원(悲願)만 있었다. 이 간절한 비원 앞에 어느 누구의 고통인들 녹아내리지 않겠는가. 우리는 이러한 비원을 갖지 않아 애증을 되풀이하는 것이다.

지휘선사의 지극한 간호에 의해 그의 몸에서 이상한 효험이 일기 시작했다. 악취가 만연하던 몸에서 향기가 나고 고름이 흐르던 손가락에서 고름이 멈추고 새살이 돋아났다. 새로이 건강이 회복되고 있었다.

대중들은 그가 나병환자임을 알고 같이 밥을 먹는 것조차 기피했는데 그가 조실스님 방에서 거처하고 있는 것이 몹시 불만스러웠다. 음식을 먹을 때마다 나병환자가 옆방에 있다는 것을 떠올리면 음식을 토해 버리는 사람이 한두 사람이 아니었다. 그러나 지휘선사만은 나병환자와 한몸이 되어 조금도 내색하지 않고 그를 극진히 간병했다.

병이 나은 것을 깨달은 수행자는 어느날 지휘선사가 잠든 사이 그의 곁을 떠나 버렸다. 그가 남긴 것은 고름이 말라 딱지가 되어 떨어진 것뿐이었는데 신기하게도 그 딱지에서 악취가 나지 않고 향기가 그득했다. 나병환자가 남긴 고름 딱지는 너무 많았다. 마치 뱀이 허물을 벗어놓은 것과 같았다. 지휘선사는 이 신기한 일에 골몰하다가 그

딱지를 모아 관음상을 조성하여 모셨다. 더욱 신기한 것은 관음상에서 배어나온 향기가 방안에 가득했다.

지휘선사는 양(梁)의 개평(開平) 5년(911)에 온실원에서 미련없이 떠나 깊은 산속으로 들어가 버렸다. 너무 많은 사람들이 찾아오는 것이 부담스러웠고 홀로 간직하고 지키던 외로움과 신령스러움이 빛을 잃고 있음을 깨달았기 때문이다.

한 군데 오래 머물러 있으면 집착이 생긴다. 집착은 반드시 얽매임을 만든다. 종남(終南)의 옛터로 돌아온 그는 마음이 안정되었다.

그는 어느날 암자 뒤에 있는 바위 주위를 거닐다가 사람이 머물다 간 자취를 발견했다. 누더기, 염주, 삿갓 등이 흩어져 있었다. 그것을 수습하려고 하자 썩어서 부스러져 버렸다.

이때 지휘선사는 시자에게 말했다.

"이것은 내가 전생에 쓰던 도구(道具)다. 여기에다 절을 지어 옛 인연을 일으키고 싶다."

시은을 모아 절을 짓고 산 이름을 중운(重雲)이라 했다. 그는 절을 지은 다음 평소 친하게 지낸 그 고을 왕공(王公)을 찾아 하직인사를 하고 돌아와 정진만을 계속했다. 이때 당(唐)의 명종(明宗)이 편액(偏額)을 하사했고 제자들이 구름처럼 모여들었다. 그의 지혜와 덕화 앞에 대중이 모여든 것이다.

이때 제자 한 사람이 스님에게 물었다.

"어떤 것이 근원에 돌아가서 뜻을 얻는 것입니까?"

"벌써 잊어버렸구나."

"뜻밖에 티끌이 생길 때 어떤 것이 이 몸이 나아갈 외길입니까?"

"발밑에 이미 풀이 났는데 만 길의 구렁텅이 있느니라."

"요긴한 길이 평탄하면 어떻게 밟으리까?"

"내가 만약 그대에게 가르쳐 주면 동서남북이 되느니라."

"부처님께서 세상에 나오시기 전에 도리를 말씀해 주십시오."

"한무더기 진흙이니라."

"어떤 것이 쇠를 끊을 참말입니까?"

"죽을지언정 범하지 않는다."

"어떤 것이 스님의 경계입니까?"

"4시에 꽃이 피지 않고 삼동(三冬)에 풀이 무성하니라."

스님은 다시 자리를 옮겨 절을 지었다. 대중이 천오백 명을 넘었다. 그의 덕화가 얼마나 깊었는지를 잘 알 수 있다.

이때 영흥(永興)절도사 왕언초(王彦超)가 일찍부터 스님의 신도가 되어 출가하기를 청원했으나 그때마다 스님은 "그대는 훗날 출세하리라. 그때를 기다려 불교를 외호하라" 하시면서 만류했다.

지휘선사는 스스로 자신의 육신 속에 저녁 노을이 번지고 있음을 알 수 있었다. 제자들을 모아 놓고 임종게를 써 내려갔다.

나에게 집 한 채가 있는데

부모가 지붕을 보수하여 덮어 주었다
팔십 년 동안 왕래하노라니
요사이는 서서히 훼손되어 가는 것을 느꼈다
진즉부터 딴 곳으로 옮겨가려 했으나
당하는 일마다 애증이 있었다
그가 무너질 때가 되면
그와 나는 서로 걸림없이 사라질 것이다.
我有一間舍　父母爲修蓋
往來八十年　近來覺損壞
早擬移住處　事涉有憎愛
待他攝毁時　彼此無相碍

그는 이와 같은 게송을 남기고 가부좌를 틀고 입적했다.
집 한 채가 끝내 낡아서 망가져 참으로 멀리 주인은 떠나고 없었다. 그래서 공적(空寂)한 것인가.

❈

육신은 나를 얽매는 굴레다. 나아가 육신의 욕구와 욕망은 정신을 얽어매는 굴레다. 자기중심 사고도 우리를 얽매는 굴레요 족쇄다.

욕망을 버리고 집착에서 벗어난 사람일수록 입적하고서도 자유스런 모습을 보인다.

영안(永安)선사는 동진출가하여 휘정선사에게 득도했다. 일대시교를 마친 후는 이통현(李通玄)의 화엄론을 합편하여 많은 사람들에게 나누어 주었다. 그리고 일생 동안 《화엄경》을 읽고 설교하여 그가 잘 때는 밖에서 들으면 화엄경 읽는 소리요, 곁에 있으면 코를 고는 소리였다고 한다. 그만큼 선사는 화엄경에 심취되어 있었다. 그렇다고 화엄론에 얽매여 있는 것도 아니었다.

선사는 가부좌를 틀고 좌탈입망(坐脫立亡)했는데 신기한 것은 화장을 한 후 습골(拾骨)을 할 때 육신은 모두 재로 소멸되어 있었으나 혀만 타지 않고 그대로 남아 있었다. 마치 혀가 생멸을 초월한 선사의 법신같았다.

종현(從顯)선사는 어느날 자신이 이 세상에 너무 오래 머물렀다는 생각이 문득 들어 대중들에게 설법을 마치고 평소 친하게 지내던 신도집에 들러 "내가 하루 이틀 고향에 다녀오겠소" 하고 인사를 했다. 신도들은 스님을 물끄러미 쳐다보면서 "스님께서도 고향을 생각하십니까?" 하고 반문하자, 스님이 말했다.

"고향에 가면 좋은 반찬을 먹을 것 같아서……."

신도들은 스님의 마음속을 헤아리지 못했다. 고향에 간다는 말이 이승과 결별하겠다는 입적의 소식임을 깨닫지 못한 것이다.

광오(廣悟)선사는 광대한 원력과 깊은 지혜와 헤아리기 어려운 덕화로 절을 짓고 총림을 삼아 많은 제자들을 교화했다. 선사는 많은 스님들이 자신의 시신을 산 짐승, 고기떼, 벌레들에게 주라고 유언한 것과 달리 문도들에게 미리 부도(浮屠)를 만들어 놓으라고 한 다음 그 부도가 완공되었다는 소식을 듣고 "오늘 자시(子時)에 떠나겠다"고 말을 한 후 법당에 들어가 합장을 한 채 열반에 들었다.
그는 지금도 합장을 한 채 예불을 드리고 있다. 오직 법신의 진아만 만유를 초월해 걸어다니고 있을 뿐이다.

❈

전활(全豁)선사는 덕산의 문도로서 설봉의존(雪峰義存)과 교류를 나눌만큼 선지가 뛰어났다. 뒤늦게 임제선사를 찾아갔으나 얼마 있지 않아 입적하여 법을 물을 수가 없었다. 그래서 어느날 앙산(仰山)선사를 친견하려고 그가 거처한 방문을 열고 들어서면서 "스님!" 하고 큰소리로 불렀다. 그때 앙산은 불자(拂子)를 들고 때리려고 했다. 이때 전활선사는 "훌륭한 솜씨군" 하고 말했다. 선사의 선지는 만나는 사람마다 근기에 따라 마치 전광석화처럼 빛을 발했다.

어느날 어떤 스님이 "덕산을 인정치 않은 것은 묻지 않겠습니다. 하지만 동산을 인정치 않은 것은 어떤 모자람이 있어서였습니까?" 하고 물었을 때 그는 "동산은 좋은 부처이긴 하지만 광채가 없을 뿐이다" 했고 "날카로운 칼로 천하를 베는데 누가 머리를 내밀겠습니까?" 하고 물었을 때 "참으로 어둡구나" 탄식조로 말했다.

선사는 다른 선사들과 달리 용무생사(用無生死)를 체험하고 생사가 없는 삶을 열어 보인 대표적 선지식이라고 할 수 있다.

당(唐)나라 광개(光啓)를 조금 지날 무렵 중원에 도적떼들이 득실거려 피난가는 사람들이 많았다. 스님들도 절을 비우고 피난을 떠나갈 때 스님만이 절을 지키고 있었다.

도적이 절에 들어와 쌀을 찾았으나 먹을 것이 없었다. 도적들은 선사에게 먹을 것을 내놓으라고 위협했으나 미동도 않고 앉아 있었다. 그때 도적떼 한 사람이 칼을 들고 스님을 향해 내리쳤으나 선사는 오히려 할(喝)로 소리를 질렀다. 하늘이 무너질 듯한 우레소리였다. 도적떼는 그 할소리를 듣고 물러가고 선사는 앉은 채로 눈을 감아 버렸다. 할소리가 얼마나 크게 울렸는지 십 리까지 들렸다고 《전등록》에 기록되어 있는 것을 보면 가히 짐작할 수 있다.

천태산(天台山) 지근(智勤)선사는 입적을 하고도 화장을 하지 않고 시신을 그대로 안치해 두었다가 다비(茶毘)를 한 경우에 속한다.
그는 다른 선사에 비해 매우 색다른 임종게를 남겼다.

금년에 쉰세 살인데
발에는 한 치의 흙도 밟지 않았다
산하는 내 눈동자요
큰 바다는 내 배이다.
今年五十三　脚未踏寸土
山河是眼睛　大海是我肚

임종게를 쓴 후 문도들에게 목욕물을 마련케 하고 새로 옷을 갈아 입은 후 가부좌를 한 채로 입멸했다. 시신을 석실에 모신 삼 년 후 문도들이 석실문을 열고 무덤을 보았을 때 온몸이 흩어지지 않은 채 얼굴이 뚜렷하고 머리카락과 손톱이 자라고 있었다.

영혼은 꽃으로 다시 오고

번뇌를 버리려 애쓰지 말아야 한다. 내가 젊은 날 수천 수만 번뇌를 버리려고 노력했으나 번뇌는 물건처럼 버려진 것이 아니었다. 오히려 번뇌를 사랑할 때 마음이 편안해졌다. 번뇌가 지혜가 되는 도리다.

****

 아침 일찍 일어나 창문을 열고 산을 바라보니 구름이 끼어 있고 구름 사이로 산봉우리가 마치 살점을 베어내고 뼈마디만 드러낸 채 서 있는 것 같다. 그리고 계곡에는 안개가 피어오르고 있었다.
 자연을 감상하는 지혜만 있으면 아름다움은 어디서도 찾아볼 수 있다. 볼 줄 아는 안목이 없어 자연이 무료하고 권태스러운 것이다. 자연에 가까이 가기 위해서는 마음을 비우고 다가서야 한다. 마음을 비우고 나무 한 잎, 풀 한 포기라도 사랑하는 애정을 갖게 되면 나무도 반가워 몸짓을 하는 것을 발견할 수 있다. 이처럼 볼 줄 아는 안목과 지혜가 인간의 정신을 풍요롭게 한다.
 아침 공양이 끝나고 객승 한 분이 차비를 안 준다고 투정을 부리고 있었다. 객승의 얼굴에 노기가 일고 눈에 핏기가 서려 있었다. 주고받는 관계가 거칠어 주는 쪽도 받는 쪽도 즐거운 마음을 잃고 있었다.
 사실 수행하는 사문(沙門)들은 비록 자기 앞으로 된 재산은 없지만 구하는 생각을 버리고 만족할 줄 아는 지혜만 있으면 누구보다 여유 있는 자족을 누릴 수 있다. 다만 생각으로 구하는 것이 있기 때문에 구하는 생각에 얽매여 자족을 잃고 있는 것이다.
 자존심에 얽매여 있다면 터지는 분노를 주체할 수 없을 때가 있다.

어디를 가듯 자기 자신을 누워있는 풀처럼 낮추어라. 그리고 참아라. 인욕이 끝내 자기를 구원할 것이다.

분노는 야생마와 같이 거칠다. 자기를 불태우는 것은 가슴에서 치밀고 있는 분심이다. 그래서 분노를 야생마를 길들이듯 하면 역경을 이겨낼 수 있을 것이다. 만약 분노를 버리지 못하면 자기 몸은 기름을 담고 있는 그릇이 되고 말 것이다.

가난한 사람일수록 자기 마음밭에 선근과 복전의 씨앗을 심어야 한다. 남을 미워하고 원망하는 마음으로는 복전을 일구어 낼 수 없다.

수행자로 체험한 일이지만 인간의 본능적 욕구나 욕망은 참으로 버리기 어렵다는 것을 깨달았다. 특히 젊은 육신은 욕망을 담고 있는 집이다. 그러나 생존의 쾌락에 갇혀 있게 되면 영혼의 자유를 얻기 어렵다는 것도 아울러 깨달았다. 수행자가 깨닫지 못하고 또 작은 깨달음으로 주의와 주장을 앞세워 특별한 운동을 전개하지 말아야 한다. 전체를 보는 안목과 포용과 원융의 정신없이는 끝내 그것이 편견이 되고 만다. 편견을 갖게 되면 자기 뜻을 따르지 않은 사람을 적대시하게 된다.

아침에 일어나 보니 바람이 몹시 세차게 불었다. 나무숲이 미친 듯이 머리를 흔들고 있었다. 그러나 바람은 나무 사이로 얽매이지 않고 빠져나오고 있었다. 수행자는 운수(雲水)가 될 때 바람처럼 자유스러워진다는 것을 또 한 번 깨달을 수 있었다.

나에게 율장을 연구하고 계율을 잘 지키는 도반이 있다. 그로 인해 삶이 깨끗해 보여 마음이 흐뭇할 때가 있다. 그러나 계율을 지키는 신심과 결의는 좋으나 그가 지나치게 형식에 집착해 많은 말을 하고 있는 것을 볼 때가 있다. 진리는 말을 떠나 있고 형식에 있지 않다는 것을 그는 모르고 있었다.

점심공양을 하고 나오니 밖에 누더기를 입은 젊은 스님이 서 있었다. 비록 다 떨어진 누더기를 걸치고 있었으나 눈빛이 푸르고 빛이 났다. 사람은 태어날 때부터 귀천이 정해져 있지 않다. 행위에 의해 우리는 천한 사람도 될 수 있고 귀한 사람도 될 수 있다. 그래서 마음이 천당도 만들고 지옥도 만든다고 했지 않은가. 젊은 스님의 마음이 늘 푸른 것 같았다.

진리의 실상을 보고 체험하려면 인색하고 옹졸한 마음을 버려야 한다. 그런데 우리 주위에는 도를 구하는 옷을 입고도 옹졸한 마음으로 옳고 그릇됨을 논하는 사람들이 있다. 그런 사람들과 한참동안 어울려 있으면 먹물빛 옷을 입고 있는 것이 부끄러운 때가 있다. 자신의 편견과 허물을 깨닫지 못하고 있기 때문이다. 사람들은 남의 허물에 대해서는 눈을 가지고 있지만 자신의 허물을 보는 눈은 갖지 못하고 있다.

설두중현선사는 임종에 이르러 자신이 일생동안 많은 말을 한 것이 허물이라고 말한 일이 있다. 그리고 갖고 있던 물건들을 대중들에게 나누어 주었다.

제자들은 스승이 준 물건을 받고 기뻐했으나 따지고 보면 설두선사 자신이 가지고 갈 수 없는 물건들이다. 자기 육신마저 산짐승에게 희사하고 가는데 무엇을 소유할 수 있다고 생각하는가. 내것이라고 집착하는 마음이 갖가지 괴로움을 일으키는 근본이 된다.

번뇌를 버리려 애쓰지 말아야 한다. 내가 젊은 날 수천 수만 번뇌를 버리려고 노력했으나 번뇌는 물건처럼 버려지는 것이 아니었다. 오히려 번뇌를 사랑할 때 마음이 편안해졌다. 번뇌가 지혜가 되는 도리다.

마음을 쓸 줄 아는 지혜는 참으로 얻기 어렵다. 특히 분노와 애증 앞에서는 자기 마음일지라도 마음대로 하기가 어렵다.

일생 동안 쓰는 마음이지만 마음은 항상 업력(業力)에 의해 흔들리기 마련이다. 인간이 일생 동안 자신의 마음을 조복받은 것이 몇 번이나 될까. 마음을 조복받는 지혜를 갖고 있는 사람이 부럽다.

❈

어제 저녁 삼경(三更) 전에 미워하는 마음을 버리겠다고 생각하고 잠자리에 들었는데, 잠에서 깨어난 나는 그 미움을 버리지 못하고 있었다. 참으로 마음이란 것은 옹졸할 때는 바늘 하나 세울 곳도 용납치 않음을 알 수 있었다. 미운 마음을 버리지 못하면 자신도 모르게 입에서 쇳소리가 난다.

아침에 일어나 참으로 미련한 생각을 했다. 문득 내 나이가 생각나 얼마인가 헤아려 보니 육십이 다 되어가고 있었다. 육십 년을 산 내 마음속에 남을 사랑하고 나누어 쓸 자비와 덕행을 찾아보니 아무것도 없었다. 오히려 인색함과 탐욕의 찌꺼기가 마음 한구석에 그림자처럼 남아 있었다. 이것이 내 자신이다. 이러한 자신의 내면을 가지고 남 앞에서는 자비와 나눔을 이야기했으니 참으로 부끄러운 일이었다. 그래서 거울 앞에서 내 모습을 보기가 싫었다.

화두(話頭)를 들고 참구를 하나 마음은 맑아지지 않는다. 명상(瞑想)과 직관은 자성의 근저에 미치지 못하고 있다. 하늘의 별은 보석처럼 더욱 찬란한 빛을 발하고 있으나 나의 깨달음은 피어나지 못하고 있다. 그래서 더욱 잠이 오지 않는다.

한 번도 나의 허물을 찾아 준엄하게 꾸짖어 보지 못했다. 오히려 감추려고 노력만 한 것 같다. 허물을 부끄러워하는 것은 안으로 자신을 꾸짖는 일인데도 나는 너무 인색했다. 그래서 자신이 바로 서지 못한 것이다. 깨달음의 가능성은 우리 모두가 체험하는 번뇌 속에 있다. 번뇌야말로 깨달음을 성취하는 더없이 좋은 토양이다. 자신의 뜻에 순종한다고 만족하지 말아야 한다. 순종이 거듭되면 마음은 저절로 교만해진다.

해탈에 이르지 못했더라도 깨달음이 모자란다고 생각지 말아야 한다. 우리 주위에는 한 소식 견성(見性)을 했다고 자신하는 사람은 많으나 그 사람 앞에 서면 완성된 사람은 없고 《조사어록》만 되풀이하는 경우가 많다. 마음은 수천수만 번뇌를 삭아내리고 고통이 성숙되어 마치 가을 젓갈처럼 맛이 들 때가 되어야 사람냄새가 난다. 사람은 없고 깨달음만 있으면 무엇하겠는가.

항상 새벽처럼 깨어 있어야 한다. 그리고 자신을 이끌고 있는 사나운 마음부터 길들여야 한다. 욕망과 고통 속에 깨달음의 열쇠가 있다. 고통에 절망해 보지 않은 사람은 자기 삶을 사랑하지 못하게 된다. 싱싱한 배추로 김장을 담궈 바로 먹으면 김치맛이 나지 않는다. 김치도 맛이 들어야 제맛이 난다. 그래서 고통이 있어야 깨달을 수 있다고 말하는 것이다. 숙성된 김치맛, 잘 익은 청국장 맛을 내는 사람과 마주 앉아 있으면 내 삶이 저절로 풍성해질 때가 있다.

자신의 마음에 드는 것에 대해 집착을 말아야 한다. 항상 좋은 일에는 장애가 숨어 있다. 그리고 증오하는 마음에는 칼날이 있다. 경허스님은 가장 위험한 곳이 가장 안전한 곳이라고 말한 일이 있다.

밭에 잡초가 많으면 농사를 망쳐 버리듯 자기 실력만 믿고 한 자리에 오래 머물지 말아야 한다. 지나친 욕심과 집착이 자신을 망치기 때문이다. 특히 정치 권력에 있는 사람, 높고 좋은 자리에 앉아 있는 사람들은 비난이 있을 때 그 자리에 오래 있지 않았나 먼저 생각을 해보아야 할 것이다.

내가 젊었을 때 중생이 과연 부처가 될 수 있는가 고민을 하면서 불면의 밤을 수없이 지낸 일이 있다. 그리고 자성의 실체를 깨닫기 위해 끝없이 사색과 정진을 해 보았지만 마음에는 어둠만 깊었다. 절망의 나락으로 추락되어 때로는 몸뚱이를 갈기갈기 찢고 생존해 있는 육신에 살점을 모두 들어낸다면 존재의 핵심에 도달할 수 있을 것이라고 생각도 해보았지만 무명(無明)은 없어지지 않았다. 무명은 존재의 어둠이었다. 다만 그것은 지혜에 의해 사라지는 안개와 같은 것이었다.

《선가귀감》에 실린 다음의 글을 읽고 중노릇하는 것, 먹물옷이 얼마나 값있고 뜻있는 일인가를 자주 깨닫는다.

"출가하여 수행자가 되는 것이 어찌 작은 일이랴. 편하고 한가함을 구해서가 아니며 따뜻이 입고 배불리 먹으려고 한 것도 아니며 명예나 재산을 구해서도 아니다. 오로지 생사의 괴로움에서 벗어나려는 것이며 번뇌의 속박을 끊으려는 것이고 부처님의 지혜를 이으려는 것이며 고통받고 있는 중생들을 건지기 위해서다."

이 말의 뜻과 정신을 간직하며 먹물옷을 입고 있는 사람이 몇이나 될까. 참으로 저울로 잴 수 없는 무게를 다시 깨닫는다. 이 말과 뜻, 그리고 정신으로 수행자의 마음을 저울질해 본다면 스스로 부끄러움을 감추지 못할 것이다.

《보적경》을 보면 오늘의 사문(沙門)들을 견책하는 다음과 같은 글귀가 있다.

"사문에게는 네 종류가 있다. 겉모양만 그럴 듯한 사문, 점잖은 체하면서 남을 속이는 사문, 명예와 칭찬만을 추구하는 사문, 진실하게 수행하는 사문."

내 자신이 지적받고 있어 몸둘 바를 모르겠다. 왜냐하면 허물을 저울질할 수 없기 때문이다.

삶에는 일정한 틀이 없다. 삶을 영위하는 틀을 만들어 놓으면 얽매이게 된다. 특히 신앙을 가진 사람들을 보면 자기가 믿는 교주에게 지나치게 집착되어 자신을 잃는 사람들을 많이 보게 된다.

임제선사는 부처로써 최고의 목표를 삼지 말라고 가르치고 있다. 오히려 부처도 한낱 똥단지 같고 보살과 아라한은 죄인의 목에 거는 형틀이요, 이 모두가 사람을 구속하는 물건이라 했다.

인간을 부자유하게 하는 모든 것들로부터 벗어나려고 임제는 부처까지 부정하고 있는 것이다. 부처와 조사에게도 얽매이지 말라고 요구하는 임제선사의 할(喝)소리가 얼마나 종교적인가를 알아야 한다. 그의 목소리를 듣고 있으면 막힌 가슴이 열리고 마음에서 새벽 별빛이 반짝이는 것 같다.

인생은 초대하지 않아도 이승으로 왔다가 허락하지 않아도 적멸의 세계로 떠나간다. 부를 이룬 사람도, 명성을 얻은 사람도 떠나간다. 그러면 이들은 어디로 가는걸까.

육신을 태우고 나면 나라는 존재는 재뿐이 남지 않는다. 그것을 산과 들에 뿌리고 나면 존재의 흔적을 찾을 수가 없다. 흙으로 돌아갔다고 자위를 해도 허전한 생각 속에 남아 있는 나라는 존재는 지워지지 않는다. 차라리 꽃나무에 재를 뿌려 봄이면 꽃으로 피어나는 것이 자기 존재를 볼 수 있게 할 것이다.

눈밝은 노스님 한 분이 이른 봄에 꽃을 보고 '또 왔구나' 하고 반가워하는 모습을 본 일이 있다. 노승의 생각에는 꽃이 사람처럼 죽었다가 봄이 오면 꽃으로 다시 태어나 온다고 믿고 있었다. 그래서 그 노승은 꽃이 질 때면 반드시 그 꽃나무 옆에서 '또 떠나고 없구나' 하고 쓸쓸한 모습을 짓는 것을 본 일이 있다.

우주는 하나의 커다란 생명체다. 자연 속에 생명의 씨앗이 없다면 꽃은 다시 오지 않을 것이다. 그래서 노승은 떠난 사람이 다시 돌아온 것처럼 꽃을 보고 반가워하는 것이다.

몇년 전 가을비가 내리던 날, 시골 시장 한복판을 지난 일이 있다. 마침 그 고을에 장이 서는 날이었다. 시골 사람들이 득실거려 사람 사는 기분이 물씬 풍겼다. 여자들은 머리 위에 짐을 이고 남자들은 등 뒤에 시장에 팔 물건을 걸망에 지고 지나가고 있었다. 도시 속 화려한 백화점과 정반대의 풍속이 시골장터에는 있었다. 길거리에 앉아 대추와 밤을 파는 사람도 있었고 빈대떡을 부쳐 길가는 사람의 시선을 잡아당기는 사람도 있었다. 그리고 채소를 보자기에 싸서 시장에 팔려고 나온 아낙네도 있었다.

　시장 전체가 삶의 냄새로 가득했고, 시골 사람들의 향수가 배어 있었다. 비릿한 생선을 파는 사람, 참깨를 가지고 와서 참기름을 짜는 사람, 산에서 약초를 캐 가지고 팔려고 온 사람, 그 사람들의 곁을 지날 때마다 사람의 냄새가 달랐다. 비릿한 냄새가 있는가 하면, 고소한 참기름 냄새가 있고 산에서만 맡을 수 있는 약초 향기가 있다. 그들이 가지고 와서 판 돈은 얼마 되지 않는다. 몇만 원에 불과한 돈이다. 그 돈으로는 백화점에 가서 제대로 된 물품 하나 살 수 없는 돈이다.

　나는 속으로 저 돈만큼 소중한 돈은 없을 것이라 생각했다. 그 돈은 부정부패를 해서 번 돈도 아니고 부당한 방법으로 이익을 챙겨 벌어들인 돈도 아니다. 자신의 정성과 땀이 깃든 삶의 자산이었다.

　그리고 시골 아낙네 얼굴을 살펴보면 사치가 배어 있지 않다. 자신을 아름답게 꾸미려고 화려한 화장도 하지 않았고, 몇십만 몇백만 원짜리 옷도 입지를 않았지만 여성으로서 순수함이 드러나 있었다. 손은 마디마디 닳고 닳아 멍이 들었고, 얼굴도 햇볕에 그을려 까슬까슬하게 타 있었다. 그 얼굴에 싸구려 화장품으로 화장을 한 여인이 오히려 친근감이 있었다. 몇십만 원짜리 화장품으로 얼굴을 꾸미고 나온 여자들보다 시골 아낙네에게는 꾸미고 가꾼 수식이 없어 더욱 순수해 보였다.

시골 장터를 비켜 버스 주차장으로 가려고 할 때 아낙네가 시금치 몇 단을 놓고 팔고 있었다. 그리고 그 아낙네 앞에 노승 한 분이 물건을 흥정하는지 서 있었다. 나는 약간의 거리를 두고 그 광경을 물끄러미 쳐다보고 있었다. 노승은 물건을 사지 않고 주머니 속으로 손을 넣더니 지폐 뭉치를 그 아낙네 손에 쥐어주고 버스 주차장을 걷고 있었다.

나는 급한 걸음으로 노승을 따라 버스에 올라 노승 곁에 앉아 인사를 했다. 노승은 나를 힐끔 쳐다보고는 눈을 감고 명상에 잠겨 버렸다. 나는 오히려 말이 없는 것이 다행이라 생각했다.

시골길을 약 40분간 달렸을 때 버스는 잠깐 멈추었고 노승도 내렸다. 나도 급히 노승을 따라 내렸다. 그때야 노승의 얼굴은 환하게 펴지고 주름살이 그 웃음에 의해 사라져 버렸다.

노승이 거처한 곳은 조그마한 토굴이었다. 마침 점심 때가 조금 지나 시장기가 있었지만 밥을 달라고 할 수 없었다. 노승 혼자 살고 있었기 때문이었다. 하지만 내 맘을 읽은 듯 노승은 부엌으로 나가 밥상을 차려와 먹기를 권했다. 찬밥에 김치 하나뿐이었다. 노승은 찬밥을 냉수에 말아서 마치 국수를 먹듯 한 입에 털어 넣는 것 같았다.

노승의 방에는 장삼 한 벌과 발우뿐이었다. 더이상 물건이 없었다. 그런데 노승은 어디서 왔느냐고 물어보지도 않았고 하룻밤 쉬어 갈테냐고 의중을 떠보지도 않았다. 있는 그대로 자신을 보여주고 있었다. 너무나 필요한 것이 많았으나 노승은 불편을 느끼지 못하고 있었고 언제나 얼굴에는 미소가 흐르고 있었다. 말이 없어 내쪽이 조금은 답답했지만 너무 자연스럽게 행동하여 말이 필요없었다. 그는 분명히 말을 절제하고 있는 것이 분명했다.

하룻밤을 지내고 토굴을 나오면서 생각했다. 진실로 아무것도 갖지 않은 사람이 행복하다는 것을 새삼스럽게 깨달았다. 노승은 분명히 아무것도 자기 것이라고 생각지 않고 살고 있었다. 그래서 얽매이지 않고 살 수 있었다. 무소유를 생활화한 사람일수록 나고 죽는 얽매임에에도 걸리지 않는다는 것을 또 한번 깨달을 수 있었다.

비록 적게 가졌더라도 즐거운 마음으로 남에게 베풀어 본 일이 있는가. 베풀고 나면 자신의 삶의 뜰이 얼마만큼 넉넉해지는가를 한 번쯤은 체험해 볼 일이다.

경허스님이 깨치고 나서 존경받을 때이다. 그는 깨닫고 나니 할 일이 없었다. 그리고 명성만 듣고 찾아오는 사람이 많았다. 하루 종일 사람을 대하다 보니 혼자서 명상을 하고 화두를 참구할 시간도 없었다. 그렇다고 깊은 산으로 잠적한다고 명성이 사라지는 것도 아니었다.

경허스님은 혼자 독백을 했다. 그 독백이 다음과 같은 시가 되었다.

아는 것은 없으며 이름만 높고 세상이 어지럽다
그렇다고 몸 감출 만한 곳이 있는 것도 아니며
갯마을이고 주막거리고 갈 곳이야 없지 않으련만
이름을 숨길수록 더욱 이름만 드러남을 두려워하지 않을 수 없다.
識淺名高世危亂　不如何處可藏身
漁村酒肆豈何處　但恐匿名名益新

　우리 주위에는 명성을 얻으려고 쫓아다니는 사람들이 많다. 반면 조그마한 명예와 권위를 지키려고 발버둥치는 사람도 있다. 그러나 경허는 스스로 자신을 낮추며 아는 것은 없고 헛된 이름만 높아짐을 염려하고 있다. 그는 명성이 부질없음을 깨닫고 있으면서 몸을 감춘다고 이름이 없어지는 것이 아니라고 말하고 있다.
　경허만큼 전체험(全體驗)을 통해 달관한 사람도 없다. 그만큼 존재의 핵심에 도달하기 위해 자기 자신을 숨기지 않고 드러냈다. 그러나 경허스님에게는 항상 찬사와 비난이 동반된다.
　경허스님을 파계승으로 비방할 때는 그는 어쩔 수 없이 수행의 존엄성을 잃고 말지만, 무애의 자유와 초탈로 그의 삶을 이해하게 되면 해탈의 달인(達人)으로 등극한다.

삼수갑산(三水甲山)으로 들어가 이름도 버리고 절도 버리고 승려의 신분까지 버린 경허의 고독을 조금은 알 것 같다. 출가 수행자에게 고독이 없으면 자기 응시의 시간을 가질 수 없다.

바른 말은 쇠망치다

인간은 정지되어 있을 수 없다. 움직임을 통해서 빈자리를 마련하며 살아간다. 나는 지금 그 공허와 만나고 있다. 출가 수행자는 인생의 최대 쾌락을 포기해야 한 물건도 없는 즐거움을 맛볼 수 있다.

****

밤 열두 시가 되고부터 적막이 깊어진 것 같다. 세차게 불던 바람소리도 들리지 않고 자연도 숨소리를 죽이고 있다. 방문을 열고 보니 낙엽을 떨어버린 앙상한 나목(裸木)들이 귀를 열고 소리를 엿듣고 있었다. 사람만 소리를 듣는 것이 아니란 것을 이때 깨달았다. 사람도 내밀한 소리를 듣기 위해서는 주위에 있는 모든 것을 제자리로 돌려보내야 순수한 별리를 체험할 수 있다. 내가 나무들의 소리를 듣고 있는 것을 발견할 수 있었던 것은 마음을 비우고 사랑하는 마음으로 나무를 봤을 때였다. 인간은 정지되어 있을 수 없다. 움직임을 통해서 빈자리를 마련하며 살아간다. 나는 지금 그 공허와 만나고 있다. 출가 수행자는 인생의 최대 쾌락을 포기해야 한 물건도 없는 즐거움을 맛볼 수 있다.

설악산 화암사(禾岩寺) 법당 앞에 밤에 서 보아라. 화진포 바다에서 일고 있는 불빛과 수많은 등불이 절로 돌아오는 것을 볼 것이다. 그리고 눈을 지그시 감고 있으면 달빛이 나무 위에 앉아 보석처럼 반짝이고 나무 사이에 어둠이 검은 리본처럼 팔락이는 것을 볼 것이다.

깨끗한 몸에서도 번뇌의 싹이 트고 그것들이 잎이 피고 꽃이 피어서 한바탕 삼악도를 이룬다.

안개 속에 파묻힌 산들이 마치 익명의 섬 같다. 그러나 안개가 걷히면 산은 산을 버리고 떠나간다.

분노를 참지 못한 마음이 끝내 지옥에 가고 있음을 느낄 수 있다. 오랫동안 익힌 인습과 타성에 내 자신이 갇혀 존재의 알맹이를 보지 못하고 있다. 낙엽이 떨어진 빈 자리에 절망의 무거운 발자욱이 수없이 지나가고 있다.

새벽에 잠이 깨어 《조사어록(祖師語錄)》을 보다가 다음과 같은 내용에 가슴이 답답하고 백척 낭떠러지에 선 기분이었다.

영안전등(永安傳燈)선사는 대중들에게 이렇게 물었다. 이 질문이 마치 나를 향해 던지는 것 같았다.

"어떤 사람이 단언하기를, 나는 부처님의 자비와 도움에 의존하지 않으며 삼계의 어디에도 살지 않으며 오온(五蘊)에 속하지 않는다. 조사(祖師)도 감히 나를 굴복시키지 못했으며 불보살도 감히 나를 이름 부르지 못했다. 그 사람이 누구이겠는가."

말과 생각이 미치지 못한 곳에서 불꽃이 일고 있었다.

조주(趙州)선사를 처음 찾아가 뵌 분은 남전(南泉)스님이었다. 그때 남전스님은 침상에 누워 쉬고 있었다. 젊은 조주를 보자 남전선사는 어디서 왔느냐고 물었다. 조주는 서상원(瑞像院)에서 왔다고 솔직히 대답했다.

"그래, 서상(瑞像). 상서로운 모습을 보았느냐?"

"상서로운 모습은커녕 졸고 있는 여래(如來)를 보았을 뿐입니다."

조주의 매섭고 깜찍한 대답에 남전선사는 충격을 받고 자리에 일어나 앉으며 다시 물었다.

"자네는 스승이 있는 사미(沙彌)인가, 스승이 없는 사미인가?"

스승이 누구냐는 질문이었다.

"겨울이 깊고 날씨가 추우니 화상께서는 옥체를 보존하십시오."

두 사람은 이렇게 해서 스승과 제자가 되었고 훗날 조주는 중국 선종사에서 가장 눈밝은 선사라고 칭송받았다.

그리고 도가 무엇이냐고 물으면 바로 '평상심이 도'라고 대답한 분도 조주선사다.

명성을 듣고 찾아온 사람들이 도를 묻거나 근황을 물으면 조주는 그때마다 "차(茶)나 한 잔 마시게" 하고 대답했다.

어느날 그의 이름을 듣고 찾아온 선비가 조주에게 "스님은 고불(古佛)입니다" 하고 말하자, 조주는 "그대야말로 신여래(新如來)"라고 응수했다.

어느 한가로운 여름날 조주는 할일없이 방에 앉아 있었고 그의 충실한 제자인 문원(文遠)이 그의 시중을 들고 있었다. 조주는 문원을 보자 기발한 생각이 머리를 스치고 지나갔다.

"문원아! 우리 한 번 자기 자신을 인간의 가치기준에 있어서 가장 낮은 것과 비교하는 내기를 하자."

"좋습니다."

조주가 먼저 시작했다.

"나는 당나귀다."

"나는 당나귀 볼기짝입니다."

조주는 이어서 말했다.

"나는 당나귀 똥이다."

"저는 똥 속의 벌레입니다."

조주는 말문이 막혀 버렸다.

"자네는 거기서 뭘 하나?"

"여름 휴가를 보내는 중입니다."

그러자 조주는 "자네가 이겼네"라고 말했다.

어느날 선방을 다니는 수좌가 조주를 방문하여 "이렇게 빈손으로 왔습니다" 하고 인사를 하자 "그러면 내려놓게" 하고 말했다. "아무 것도 가져온 게 없는데 무엇을 내려놓습니까?" 하고 묻자, 조주는 "그럼 계속 들고 있게" 하고 대답했다.

《조주어록》에 담긴 선법문 가운데 가장 뛰어난 부분만 간추려 보면 그가 얼마나 모든 이치에 달관해 있는가를 엿볼 수 있다.

"무엇이 제1구입니까?"

조주는 기침을 했다.

"바로 그것입니까?"

"나는 기침도 못하겠군."

"조사가 서쪽에서 오신 뜻은 무엇입니까?"
"외양간에서 소를 잃었다."

"가사(袈裟) 아래 일이란 무엇입니까?"
"자신을 속이지 말라."

"무엇이 도입니까?"
"담장 밖에 있다."
"그것을 물은 것이 아닙니다."
"어떤 도를 물었느냐?"
"대도(大道)입니다."
"큰 길은 장안으로 통한다."

"무엇이 근본으로 돌아가 종지를 얻는 뜻입니까?"
"그대에게 대답하면 바로 어긋난다."

"참으로 쉬는 곳을 가르쳐 주십시오."
"가르치면 바로 쉬지 못한다."(眞體之處 請師指 師云 指卽不休)

"어떤 것이 비로자나불의 스승입니까?"
"악담하지 말라(莫惡口)."

"스님의 연세는 몇이십니까?"
"한 꿰미의 염주로도 다 셀 수 없다."

"제가 부처가 되고자 하는데 어떻습니까?"
"몹시도 힘을 쓰는구나."
"힘을 쓰지 않으면 어떻습니까?"
"그렇다면 부처가 되지."

"무엇이 바보같은 사람입니까?"
"나는 그대보다 못하다."
"이길 도리가 없습니다."
"그대는 무엇 때문에 바보가 되었느냐?"

"무엇이 평상심입니까?"
"늑대가 여우다."

"무엇이 저의 부분입니까?"

"죽은 먹었느냐?"
"먹었습니다."
"발우를 씻어라."

"무엇이 부처입니까?"
"그대는 부처가 아니냐?"

"무엇이 출가입니까?"
"어찌 나를 볼 수 있겠느냐?"

"무엇이 부처가 되는 향상의 도리입니까?"
"다만 이 밭가는 소를 끌고 있을 뿐이다."

"무엇이 저의 스승입니까?"
"구름은 산에서 나오려는 기세이고 물은 골짜기로 들어가 소리가 없다."

"무엇이 진실한 사람의 몸입니까?"
"봄, 여름, 가을, 겨울이다."
"제가 알기는 어렵습니다."

"그대는 나에게 진실한 사람의 몸을 물었다."

"부처는 누구에게 번뇌가 됩니까?"
"모든 사람에게 번뇌가 된다."
"어떻게 하면 면할 수 있습니까?"
"면해서 무엇하려느냐?"

"무엇이 조주의 주인공입니까?"
"시골뜨기다."

"무엇이 스님의 가풍입니까?"
"병풍이 찢어지긴 했으나 골격은 아직 남아 있다."

"어떤 것이 자기 본래의 뜻입니까?"
"나는 소 잡는 칼을 쓰지 않는다."

"무엇이 사문의 행입니까?"
"아이를 낳지 마라."

"대선지식도 지옥에 들어갑니까?"

"나는 맨처음 들어간다."
"선지식이 어찌 지옥에 들어갑니까?"
"내가 만약 들어가지 않는다면 어떻게 그대를 만날 수 있겠는가?"

"무엇이 충언(忠言)입니까?"
"그대의 어미는 못생기고 추하다."

"무엇이 직언(直言)입니까?"
"쇠방망이를 맞아라(喫鐵棒)."

충언의 의미를 이처럼 선적(禪的)인 비유와 은유로 표현한 선사는 일찍이 없었다. 한 대 얻어맞고 난 후 고통과 진통이 몸 전체에 감전(感電)되었다가 아픔으로 남는 것이 아니라 오히려 막혔던 가슴이 열리는 것 같다. 남의 말을 들어야 할 위치에 있는 사람들은 조주선사가 말한 쇠방망이란 말을 가슴에 담고 다녀야 할 것이다.

자기 귀환

중생의 마음을 버릴 것이 아니라 다만 제 성품을 더럽히지 말라. 바른 법을 찾는 것이 곧 바르지 못한 것이다. 마음속에 분노를 일으키면 온갖 허물이 일어난다. 참는 일이 없으면 보살의 육도 만행도 이루어질 수 없다. 본바탕 천진한 마음을 지키는 것이 첫째가는 정진이다.

****

밤이 되어 불을 끄고 앉아 있으면 내 몸 전체가 빈 골짜기가 되어 물이 흐른다. 깊은 계곡을 거쳐 내려온 물소리가 내 가슴을 지나가면 내 몸에 있던 생명이 빠져나가는 것을 느낀다. 생명은 어디로 가나? 생명이 빠져나간 육신 속에는 죽음이 가득 차 있음을 깨닫는다. 텅 빈 공적(空寂). 처음으로 내 자신이 공적 앞에서 대좌해 있다. 바람과 물소리가 고이고 새소리까지 텅 빈 공적에 묻히고 있다.

그러나 한 생각을 일으키니 마음은 다시 일상으로 되돌아가고 있다. 그리고 다섯 가지 욕망이 끝내 불이 되고 물이 되고 얼음이 되어 여러 겁을 두고 마음을 괴롭힌다. 업은 그림자와 같이 아무리 제거하려해도 소멸되지 않는다. 그래서 범부의 마음은 장마와 같다고 한 것이다. 구름이 흩어져 잠깐 맑았다가 다시 검은 구름이 덮듯이……

밤이 깊어 바다를 바라보니 바다는 깊은 침묵 속에 잠겨 있었다. 앞산도 깊은 침묵을 안고 있었고 이 침묵이 깨진 다음 언어의 집을 만드는 것은 바람과 새들이었다. 바람과 새들이 말하는 뜻을 알기 위해서는 자연 속에 더욱 가까이 가야 한다.

인간의 본질은 텅 빈 공적이다. 비어 있고 고요하다고 해서 완전히 아무것도 없는 것은 아니다. 시원(始源)의 길이 열리는 것을 깨달아야 한다. 사람을 만날 때마다 느끼는 일이지만 누구나 고정의 틀을 가지고 있다. 그 고정의 틀에 의해 사람이 평가되고 사물이 판단되고 있음을 항상 깨닫는다. 물과 같이 자유스러운 입장에서 말하는 사람이 없다. 그래서 사람을 만나는 것이 두렵다. 왜냐하면 사람이 백척간두처럼 느껴지기 때문이다.

아침 일찍 일어나 산을 바라보면서 깊은 골짜기를 오랫동안 쳐다보았다. 거기서 흘러내리는 물소리는 들리지 않았다. 다만 구름만 깊이 깊이 빠져들고 있었다. 그것은 수용(受容)의 깊은 골짜기였다. 모든 것을 거부하지 않고 받아들이는 넓은 가슴이었다. 나는 지금까지 산이 지니고 있는 수용의 골짜기를 가진 사람을 만나지 못했다.

마음을 살펴보면 마음은 한시도 한자리에 머물러 있지 않다. 욕망의 탈을 쓰고 구석구석 헤매고 있는 것이 마음이다. 완전한 깨침을 이루려면 다양한 경험을 해야 한다. 우리가 살고 있는 고해(苦海)는 다양한 경험을 제공해 주고 있다. 육도(六道)를 체험한 사람만이 제대로 사람노릇을 할 수 있다.

선(禪)은 명상과 사유(思惟)를 바탕으로 이루어진다. 깊은 사유 없이 자신의 집으로 돌아가기는 어렵다는 것을 오늘 아침 또 한번 깨달았다. 자신으로 귀환(歸還)하는 일이 이처럼 쉽고 어렵다는 것도 아울러 자각했다.

저녁 예불을 마치고 방으로 돌아와 차를 마시고 있으니 물소리와 함께 새가 울고 있음을 알았다. 그러나 그 새소리가 듣기 싫었다. 들을수록 귀에 거슬렸다. 그렇다고 새를 쫓을 수도 없었다. 오히려 새소리는 점점 커지는 것 같았다. 한참 후에 깨달은 일이지만 내 마음에 새소리를 받아들이는 애정이 없었다. 모든 사물은 애정을 가지고 바라보아야 스스로 가까워지는 것 같았다.

사람도 마찬가지다. 애정으로 대하면 빨리 싫증이 나지 않고 비록 가시 돋힌 말이 있더라도 그것을 고깝게 생각지 않고 그냥 받아들이는 경우가 있다. 그래서 깨달은 사람들은 생각을 끊고 반연을 쉬어 모든 일에 물이 흐르는 것처럼 대한다.

서산(西山)스님은 생각을 끊고 반연을 쉰 사람을 '일없는 사람'이라고 했다. 그 사람은 어디에나 얽힘이 없고 원래부터 일이 없어 배고프면 밥을 먹고 고단하면 잠을 잔다. 그리고 물 흐르는 청산에 마음대로 오고가며 어촌과 주막에 걸림없이 지나갈 수 있다. 이렇게 사는 사람은 세월이 가고 오는 데 상관하지 않는다. 다만 봄이 오면 예전처럼 풀잎이 푸르다고 했다.

물이 흐르는 것처럼 모든 일을 하기란 어렵다. 그래서 마음을 모르고 도를 닦는 것은 어둠만 더할 뿐이라고 말한 것이다.

오늘 아침에는 서산스님이 하신 말씀이 더욱 새롭게 빛난다. 중생의 마음을 버릴 것이 아니라 다만 제 성품을 더럽히지 말라. 바른 법을 찾는 것이 곧 바르지 못한 것이다. 마음속에 분노를 일으키면 온갖 허물이 일어난다. 참는 일이 없으면 보살의 육도 만행도 이루어질 수 없다. 본바탕 천진한 마음을 지키는 것이 첫째가는 정진이다.

예배란 공경이며 굴복이다. 성품을 공경하고 무명을 굴복시키는 일이다. 속박에서 벗어나기는 쉬우나 있는 그대로를 말하기는 어렵다.(出身捨可易 脫體道應難)

사실 우리는 일상의 되풀이되는 타성에서 벗어나려고 발버둥칠 때도 있고 보다 새로워지고 거듭나려고 짜증스런 마음을 버리려고 할 때도 많다. 그렇다고 마음을 물건처럼 마음대로 버릴 수 있는 것도 아니다.

서산스님 말씀처럼 본바탕 천진한 마음을 지키는 정진이 모자랐을 뿐이다. 그리고 참는 일에 소홀히 했다. 만행을 하려면 인욕없이는 불가능하다. 그리고 육도(六道)가 따로 있는 것이 아니다. 우리가 살고 있는 세계 속에 날마다 체험하는 것이 육도의 삶이다.

사람이 사람노릇을 못하고 짐승같은 생활을 하면 그 사람의 얼굴은 어쩔 수 없이 짐승을 닮아간다. 그리고 이기적이고 전투적인 사람은 자신도 모르게 아수라(阿修羅)의 길을 가고 있는 것이다. 분노를 조복(調伏)받을 수 있는 힘이 바로 정진이다. 천진스런 마음만 지키면 생각에 이끌려 가지 않을 수 있고 경계에 따라 자신이 흔들리지 않을 수 있다. 이 두 가지를 함께 잃어버리기가 참으로 어렵다. 그래서 중생으로 떠도는 것 같다.(衆生顚倒 迷己逐物)

깨침은 비록 부처님같이 했으나 다생의 업력 때문에 모든 인연으로부터 자유스럽지 못하다.(頓悟須同佛 多生業其深)

※

아침 일찍 일어날 때마다 깨닫는 것은 육신의 일부가 붕괴되고 신령스런 혼령이 어디론가 빠져나가고 있다는 느낌이다. 그리고 마음은 경계를 따라 한없이 움직이고 그 마음이 중생으로 떠돌게 하고 있다. 이처럼 내 자신은 마음을 다스리는 지혜를 얻지 못하고 있다. 그래서 마음은 육신을 홀로 두고 문 밖을 나가고 육신의 껍데기만 남아있을 때가 있다.

태어남도 고통이요, 죽는 것도 고통이라고 노래를 한 사람이 신라시대 사복(蛇福)이다. 생명의 탄생이 축복이고 환희가 될지라도 그 순간만은 고통이다. 이러한 고통을 깨달은 싯달타는 자신의 아들이 태어나자 이름을 라후라(羅睺羅)로 지었다. '고통의 덩어리'가 태어났다는 의미다. 태어난 생명체는 생멸의 고통을 반드시 갖게 된다. 그리고 생명을 갖고 태어난 존재는 죽음을 맞이해야 한다. 죽음은 신분의 높고 낮음과 귀천을 떠나 누구나 겪어야 할 필연적 사건이다. 그리고 죽음은 삶의 종말이기 때문에 누구나 두려워한다.

그러나 그 죽음을 어떻게 해석하느냐에 따라서 의미는 달라진다.

죽음을 해석하는 의미만 달라지는 것이 아니라 민족의 문화와 풍속에 따라 장례의식도 달라진다. 20세기 말 인류의 애도 속에 죽은 두 여인이 있었다.

한 여인은 영국의 왕세자비인 다이애나였고, 그 다음은 성녀(聖女)라고 부를만큼 이름이 잘 알려진 테레사 수녀다. 다이애나는 성공회 의식으로 장례가 치러졌고 그녀의 고향인 스펜서 가문 소유의 알소프 공원 인공섬에 묻혔다. 그녀는 영국의 왕세자비로도 유명했지만 뛰어난 미모와 염문으로 세계적인 화제를 만들기도 했다. 만약 그녀가 우리나라 여인이었다면 윤리적으로 용납이 되지 않았을 것이다. 그러나 그녀의 자선행위는 자신을 구원하고 세계적 왕세자비로 다시 탄생시켰다. 에이즈 환자의 인권개선과 대인지뢰 방지협약 체결에 앞장 선 그녀의 인류애는 이제 역사적 삶이 되었다. 다이애나가 생전에 인류를 위해 자신을 헌신하지 않았다면 그녀는 염문만을 일삼는 왕세자비로 남았을 것이다.

다이애나와는 대조적 삶을 살았던 테레사 수녀는 죽어서 가톨릭 의식으로 장례가 치러졌다. 그녀의 시신은 고향에 돌아가 묻힌 것이 아니라 평생 동안 자신을 바쳤던 '사랑의 선교회' 사무실 밑에 묻혔다. 그러니까 그녀는 죽어서도 빈자들을 돌보기 위해 생전의 집무실 지하에 묻혀 빈자들과 한몸이 되어 법신의 삶을 시작한 것이다. 테레사 수녀는 사랑과 봉사를 통해 성녀(聖女)로 다시 태어난 것이다. 빈자들을 위해 자기를 헌신하여 진리의 몸을 얻은 것이다.

그러나 이들은 전통적 장례의식 때문에 화장을 하지 않고 땅에 묻혔다. 몇 개월 전 사망한 중국의 최고 권력자 덩샤오핑(鄧小平)은 유언에 따라 화장을 했고 시신이 타서 남은 재는 양쯔강(揚子江)에 뿌려졌다. 스스로 화려한 무덤을 만드는 것을 거부한 것이다.

화장과 매장은 그 나라 문화적 특색에 따라 달라진다. 특히 불교는 다른 종교와 달리 육신을 비정할 만큼 홀대한다. 그래서 육신을 가아(假我)라고 한다. 소멸해 없어질 헌옷같은 존재라는 뜻이다. 그리고 영구히 남는 것은 불생불멸하는 법신뿐이다. 이러한 교리때문에 육신을 버리는 일에 미련이나 애착을 갖지 않을 뿐 아니라 죽음을 슬퍼하지 않는다. 오히려 해탈의 즐거움을 얻는다고 해석한다. 선사(禪師)들이 죽었을 때 열반 혹은 입적(入寂)이라고 하는 것은 그 때문이다. 열반이란 생사를 초월해서 불생불멸한 법신을 체득한 경계를 말한다. 그렇다면 죽음은 슬픔이 아니라 즐거움이다. 죽음을 즐거움으로 인식하는 종교는 불교밖에 없을 것이다. 왜냐하면 입적은 생사의 속박에서 벗어난 해탈이요, 법신의 탄생이며, 적멸(寂滅)이기 때문이다. 부처님은 '생멸이 없어진 자리에 적멸의 세계가 있고 적멸은 즐거움이 된다(生滅滅而 寂滅爲樂)'고 했다.

적멸의 세계에는 생사가 존재하지 않고 법신만 존재한다. 그래서 조사들은 임종에 다다라 자신의 참된 모습을 노래한다. 그것이 임종게(臨終偈)다. 임종게 속에는 인간의 회한이나 죽음의 절망같은 것은 발견할 수 없고 해탈의 자유가 있고 죽음이 이처럼 넉넉할 수 있는가 하는 자재(自在)함이 있음을 깨달을 수 있다. 그리고 그들은 한결같이 죽음이 없음을 강조하고 열반이 본래 자기로 돌아가는 일이라고 밝히고 있다. 곧 그것은 자기귀환(自己歸還)이다.

고려시대 원감국사는 임종에 다다라 나고 죽고 오고 감이 없는 걸림없는 자유를 다음과 같이 노래했다.

올 때 한 물건도 온 바 없으니 갈 때 또한 그러하다
이는 허공에 뜬구름과 같은 것
한 가닥 가죽 속의 뼈다귀를 던져 버리니
시뻘건 화롯불 속 눈송이일세.
來時無物去亦無　譬似浮雲布太虛
抛下一條皮袋骨　還如霜煙入紅爐
- 圓鑑

그리고 나옹국사는 태어남을 한 줄기 바람이 일어나는 것과 다를바 없다고 했다. 인간의 태어남은 한 줄기 바람이 일어나는 것과 같이 잠깐 이 세상에 왔다가 갈 때는 달 그림자가 못에 잠기는 것같이 소멸해 버린다. 그는 육신을 버려야 참된 모습이 드러남을 노래하고 있다.

육신은 거름 무더기다. 그래서 봄이면 뜰앞에 달빛같은 목련이 핀다.

　태어남은 한 줄기 맑은 바람이 일어나는 것
　죽음이란 달 그림자가 못에 잠기는 것
　나고 죽고 오고 감에 걸림없으니
　다만 중생에게 보여 주는 이것 참사람일세.
　生來一陳淸風起　滅去澄潭月影沈
　生滅去來無罣碍　示衆生體唯眞人

　　　　　　　　　　　　　- 懶翁

　고려시대 백운경한(白雲景閑)스님은 인간의 육신을 철저히 부정하면서 육신을 버린 것이 법신을 얻는 일이라고 밝히면서 법신은 특별히 거주할 곳이 필요없음을 강조하고 있다. 그리고 상여도 만들지 말고 시주(施主) 땅을 더럽히지 말라고 유언하고 있다. 화려한 꽃상여가 스님의 법신과 아무 관계가 없기 때문이다.
　철저히 자성을 깨달은 사람일수록 그리고 개안(開眼)이 깊을수록 열반 후에 부도나 동상(銅像)을 만들지 말라고 유언했다.

　사람이 칠십을 사는 것
　예부터 드문 일인데

일흔일곱 해나 살다가
이제 떠나려 하네
내 갈길 툭 트였거니
어딘들 고향 아닌가
상여는 만들지 말라
이대로 떠나려 한다
내 몸은 본래 없었으니
마음 또한 머물 곳 없어라
태워서 흩어져 버릴 것이니
구태여 시주 땅을 차지하리요.

人生七十歲　古來亦希有
七十七年來　七十七年去
處處皆歸路　頭頭是故鄕
何須理舟楫　特地欲歸鄕
我身本不有　心亦無所住
作灰散四方　勿占檀那地

— 白雲

천당으로 가지 않고 지옥으로 가고 싶네

그의 몸에서 빠져나온 고요가
살을 에이고 있는 것은 무슨 까닭일까.
적멸의 세계로 돌아가
다시 절 뜨락에 목련(木蓮)으로 피기까지는
이 산천은 몇 번이나
몸을 뒤척이며
바람은 허무의 퇴적(堆積)을 쌓을 것인가
고요는 산천과 몸을 섞고
바람과 불빛이 그의 몸 속을 빠져나와
끝내 그를 따라가지 못하고
다시 봄이 오면
앞산에 소쩍새를 울게 하는
저 음색(音色)은
누구의 목소리인가.

- 拙詩

****

 작년 씨랜드 화재로 꽃다운 어린 생명들이 목숨을 잃는 일이 있었다. 그들은 생명을 제대로 꽃피워 보지도 못하고 어른들의 탐욕과 사고 불감증 때문에 하늘로 되돌아간 것이다.

 나는 작년 여름 설악산에 오랫동안 지냈다. 그날도 일찍 설악산으로 새벽길을 달려가고 있었다. 주문진을 지날 무렵 붉은 해가 바다 멀리서 떠오르고 있을 때 배 한 척이 해를 향해 가고 있었다. 그리고 배 위에서 울음소리와 목탁소리가 바다로 번져 파도에 묻히고 있었다.

 나는 오랫동안 그 모습을 바라보다가 씨랜드에서 죽은 어린 영혼들이 한줌 재로 변해 그 재를 뿌리려고 바다로 향하고 있음을 깨달을 수 있었다. 어린 영혼들은 어디로 가는 걸까. 붉은 해와 보석처럼 반짝이는 햇빛 속에서 어린 영혼들은 하늘로 되돌아가고 있음을 나는 볼 수 있었다.

 중국 고봉(高峰)선사는 태어날 때부터 자신은 죽음과 관계치 않았다고 해탈의 자유를 노래하고 있다. 그는 자신의 열반이 자성으로 돌아감을 철저히 깨닫고 있다. 그의 임종게는 우리들에게 새로운 감동과 전율을 맞게 한다.

올 때도 죽음의 경계에 들어오지 않았고
갈 때도 죽음의 경계를 벗어나지 않았도다.
쇠뱀이 바닷속으로 들어가니
수미산을 쳐서 무너뜨리도다.
來不入死關　去不出死關
鐵蛇鑽入海　撞倒須彌山
　　　　　　　　　- 高峰

죽음이 일체 속박을 씻는 자유라고 깨닫지 못했기 때문에 죽음에 속박당하는 것이요, 육신이 본래 자기가 아니라는 것을 알지 못했기 때문에 장례식이 화려해지는 것이다.
황악산에 오랫동안 주석한 제산스님은 임종에 다다라서도 중생에게 깨달음의 메시지를 보내고 있다.

황악산에 들어온 지 벌써 오십 년
오늘 아침 비로소 산을 떠나네
도솔천이 어디냐고 누가 묻는다면
주장자를 번쩍 치켜들어 보이리라.
黃岳五十年　今朝始出山
兜率何處村　拈起柱杖看
　　　　　　　　　- 齊山

선(禪)을 통해 자기 실상을 확인하고 깨달은 사람 몇이나 될까. 그리고 자기 본성대로 삶을 살고 있는 수행자는 몇이 될까. 지옥에 갈 준비를 하고 있는 사람이 그리 많지 않은 것 같다.

만공선사는 근대 한국 고승 가운데 풍류를 아는 유일한 선사(禪師)였고 그 풍류로 인해 수행자의 삶이 한층 풍성해지게 한 선사다.

나는 너를 여의지 않았고
너도 나를 여의지 않았도다
너와 내가 생기기 이전에는
알 수 없구나, 이것이 무엇인가?
我不離汝　汝不離我
汝我未生前　未審是甚麽
　　　　　　　- 滿空

❀

한 생각을 쉬지 못한 사람들은 자기 마음에 속박되어 날마다 남을 미워하고 질투하고 시기한다. 그리고 그 생각이 삼악도의 삶을 만들고 있는 인과임을 모르고 있다. 비록 닭벼슬보다 못한 중 벼슬 조금 했다고 나고 죽음에서 벗어나는 것은 아니다. 부처님의 경전이란 잣대로 그 수행자의 면목을 살펴보면 중 마음을 어디서도 찾아볼 수 없다.

종열선사는 성인과 범부란 분별도 용납치 않고 있다. 이런 선사 앞에는 자신이 없으면 서지 말아야 한다. 왜냐하면 어느 순간에 목이 달아날지 모르기 때문이다.

내 나이 마흔여덟
성인이고 범부이고
모조리 쳐 죽일 것이다.
내가 영웅이기 때문이 아니라
다만 용궁으로 가는 길이 미끄러워서이기 때문이다.
四十有八　聖凡盡殺
不是英雄　韶安路涓

- 從悅

자신이 살아온 모습을 뒤돌아보는 거울이 있다면 누구나 그 거울 앞에서 고개를 숙이고 말 것이다. 왜냐하면 너무나 많은 욕심을 충족시키기 위해 자신이 분방하게 살아온 모습을 볼 수 있기 때문이다. 그러나 사람들은 자기 허물에 대해서는 관대하고 인색하다. 그리고 공익(公益)을 위한다고 자기 편견을 고치지 않고 끝없이 합리화하려고 한다. 그러나 자신의 아들에게는 한없이 관대하다. 바로 그것이 죄악이 되는 줄 모르고 산다.

  가봉(可封)선사는 일생 동안 자신의 이익을 위해 헌신한 일이 없었고, 주지를 주어도 사양했다. 그리고 도반의 아픔과 슬픔을 보고는 오랫동안 그 슬픔과 같이 하려는 마음을 갖고 일생을 살았다.

다행히 쉰일곱 해 잘 지내 오다가
까닭없이 파계하여 큰스님이 되었구나.
이제는 땅을 파서 산 채로 묻어다오.
내 이제 사람 앞에 말끔히 드러냈노라.
五十七年幸子好　無端破戒作長老
如今掘地且活埋　旣向人前和亂掃

                      - 可封

  나고 죽음을 미리 완성한 사람에게는 오히려 죽음이 오면 신바람이 난다. 왜냐하면 육신의 장애를 버릴 수 있기 때문이다.
  풍담의심선사는 죽음이 오니 즐겁다고 노래하고 있다. 이 무서운 역설이 살아있는 자를 초라하게 하고 있다.

신령스럽도다 이 물건이여
죽음이 오니 더욱 즐겁구나

나고 죽음에 표정이 없으니
가을 하늘 달이 두루 밝도다.
奇怪這靈物　臨終尤快活
死生無變容　皎皎秋天月

- 楓潭義諶

❀

 몇 해 전 도반이 입적하여 다비(茶毘)를 직접 한 일이 있었다. 화장할 나무를 준비하고 혼이 빠져나간 시신을 관(棺)에 넣고 화장목 위에 그를 얹고 불을 지피자 가슴에서 오열이 일고 울음이 터져나옴을 체험한 일이 있다. 불은 마치 무녀가 춤을 추듯 타올랐고 장작은 서서히 부피가 줄어감을 느낄 수 있었다. 하루 저녁을 태우고 났을 때 도반의 모습을 찾아볼 수 없었고 점심 때가 되어서는 뼈 몇 조각이 남아 있었다. 스님의 뼈 조각을 찾아 갈고 나니 겨우 한 줌의 재만 남았다. 이것이 도반이라고 생각하니 가슴에서 또 한번 오열이 일었다. 그 뼛가루를 철쭉이 핀 곳에 뿌리고 났을 때 멀리서 소쩍새 울음소리가 들려왔다. 비록 그가 생전에 지녔던 육신이 다시 흙으로 반환되어 돌아갔지만 빈 자리는 너무 커 보였고 다시 내가 이렇게 돌아가리라 생각하니 몸 전체에서 전율이 감돌았다.

그의 몸에서 빠져나온 고요가
살을 에이고 있는 것은 무슨 까닭일까.
적멸의 세계로 돌아가
다시 절 뜨락에 목련(木蓮)으로 피기까지는
이 산천은 몇 번이나
몸을 뒤척이며
바람은 허무의 퇴적(堆積)을 쌓을 것인가
고요는 산천과 몸을 섞고
바람과 불빛이 그의 몸 속을 빠져나와
끝내 그를 따라가지 못하고
다시 봄이 오면
앞산에 소쩍새를 울게 하는
저 음색(音色)은
누구의 목소리인가.

- 拙詩

1년이 지나 그의 1주기가 되자 재를 뿌린 자리에는 탐스런 철쭉이 피어 있었고 소쩍새 소리는 도반의 음성을 닮아 울고 있었다. 그리고 철쭉꽃 속에 도반의 환영이 자리잡고 있음도 볼 수 있었다.

선자화상은 임종에 다다라 혼자 깊은 계곡 속으로 들어가 철쭉이 핀 자리에서 가부좌를 틀고 입적한 선사다.

앉아서 죽고 서서 죽되 수장(水葬)만 하랴.
땔나무도 필요없고 땅 팔 일도 없네
가는 곳이 어디냐고 나에게 묻는다면
흰 구름 다한 곳에 청산이 있다 하리.
坐脫立亡　不若水葬
一者燒柴　二除開壙
若人問我何處　白雲斷處是靑山

― 선자

도인이 나고 죽음을 물으나
나고 죽음을 어찌 논하랴
사라쌍수 아래 한 연못에
밝은 달이 천지를 비추고 있으나
그것은 말 위에서 알음알이를 내는 것이요
정론을 희롱함이라
저 나고 죽는 법을 알고자 하는가
미친 사람이 꿈속을 이야기하네

道人問生死　生死何爲論
雙林一池水　朗月耀乾坤
喚他句上識　此是弄精魂
欲會箇生死　顚人說夢春

— 馬祖

❀

　상주 북장사에서 오랫동안 주지를 하다가 입적한 도반이 있었다. 생전에 그는 부지런하고 도반들에게 나누어 주는 것을 미덕으로 삼고 살았다. 그러나 그는 너무 일찍 세상을 떠나고 말았다. 그가 떠나고 내가 알고 있는 스님이 후임 주지로 가서 기이한 일을 체험했다.

　주지로 간 일주일 만에 법당으로 들어가 종을 치려고 할 때 큰 뱀이 방석을 깔고 혀를 내밀고 있는 모습에 놀라 법당 밖으로 나와 그 뱀을 일꾼을 시켜 산속에 버렸다고 한다. 그러나 일주일 후 뱀은 다시 법당으로 찾아왔고 스님은 화가 치밀어 일꾼을 시켜 뱀을 잡아 남장사 뒷산에 버렸다고 한다.

　그러나 뱀은 한 달 후에 산신각(山神閣)에 또아리를 틀고 앉아 있었다고 한다. 이번에는 화령까지 가서 그 뱀을 버리도록 했다고 한다. 화령까지는 오십 리가 넘는 거리였다. 그러나 한 달 후에 뱀은 다시 법당 한복판 방석 위에 또아리를 틀고 있었다.

  주지스님은 할 수 없이 천도재를 준비하고 관응큰스님을 청해 법문을 하였는데 천도식 날 뱀도 법당 뒤에 나타나 큰스님 법문을 들은 후 서서히 산속으로 사라진 후 다시는 나타나지 않았다고 한다.

  연관화상은 우리 참된 모습이 무엇인가 임종게를 통해 잘 말해 주고 있다.

> 불구덩이에 이 몸을 숨겼나니
> 구태여 탑묘를 세울 것인가
> 사람의 나타난 모습을 소중히 생각하라
> 재 속의 그 모습이 참 부처라네
> 紅焰藏吾身　何須塔廟新
> 有人相肯重　灰裡貌全眞
>   - 연관

  진실하지 못한 사람은 임종에 다다라 자신에게만은 진실해야 한다. 남을 비방하기를 좋아한 사람은 죽음 앞에서 참회하여 자신을 구원해야 한다.

  태우화상은 죽음은 고향가는 길이라고 즐거워하고 있다. 그 고향은 걸어서 가면 멀어서 갈 수 없다. 적멸이 있는 자리가 진리의 원천이다.

> 인생이란 타향살이
> 죽음은 고향가는 길
> 흰 구름처럼 오고 가는데
> 일상의 삶에 무슨 변화가 있으리
> 生來奇他界　去也歸吾鄕
> 去來白雲裡　且得事平常
> 　　　　　　　　－ 태우

일생 동안 살아오면서 맺은 인연을 원래 제자리로 돌려 보내고 일체 속박을 만들던 욕망을 버리고 나면 자신만 홀로 남는다. 신령스런 자성만 홀로 있게 되면 나고 죽음에 걸릴 것이 없고 생사에 지배를 받을 필요가 없다. 그렇다면 지옥과 천당을 분별할 이유가 없다.

곡천(谷泉)선사의 역설은 극락과 천당에 집착해 있는 사람들에게 경종을 울리고 있다. 그는 천당으로 가는 길이 보이고 있지만 스스로 지옥으로 가겠다고 선언하고 있기 때문이다. 왜냐하면 그의 자성은 지옥과 천당을 떠나 있기 때문이다.

오늘은 유월 육일

나 곡천은 죄를 톡톡히 받았으니
이제 천당으로 가지 않고
지옥으로 들어가리라.
今朝六月六　谷泉受罪足
不是上天堂　便是入地獄

- 谷泉

함허득통(涵虛得通)선사는 중생의 마음과 자성은 맑고 깨끗하며 텅 비고 고요해 한 물건이라고 밝히고 있다.

텅 비고 고요해
본래 한 물건도 없지만
신령스런 그 빛은
온 누리를 비추고
몸도 마음도 없으니
생사의 지배를 받지 않고
가고 옴에 걸릴 것이 없네
湛然空寂　本無一物
靈光赫赫　洞徹十方
更無身心　受被生死

去來往復　也無罣碍

　　　　　　　－涵虛

글과 말에 걸리면 장님과 귀머거리
아무리 참선한들 무슨 소용 있으랴
깨치면 터럭만큼도 힘이 들지 않으니
불 속에서 사마귀가 범을 삼키니라.
滯句乘言是瞽聾　參禪學道自無功
悟來不費纖毫力　火視蟲郞呑大蟲

　　　　　　　－洞山守初

　말을 많이 하고 글을 써서 삶을 만들고 있는 사람들. 얼마나 많은 사람들에게 상처를 주었는가. 글을 쓰는 사람들이 동물적 자만에 빠져 귀먹고 앞을 못 보면서 천하의 허물을 논하고 있으니 야차(夜叉)가 보고 웃을 것이다. 사람을 보는 눈이 있어야 소를 타고 소를 찾지 않게 될 것이다.

　　　　　　　　❈

　견성을 체험하고 깨달음을 체득한 선사들에게 죽음은 해체되고 해탈의 자유로 반전된다. 그것은 나고 죽음을 인정하지 않고 중생의 근원인 진여(眞如) 혹은 자성(自性) 심원(心源)에 생몰이 없음을 체득했기 때문에 죽음은 법신으로 전환된다. 이것은 눈앞에 있는 풀잎과 나무 일체 삼라만상을 절대가치로 평가하는 인식 때문이라고 할 수 있다. 그래서 영전(靈前) 앞에서 왕생을 기원하기보다 생사자유를 강조하고 나서 죽음이 없는 세계로 돌아가셨으니 얼마나 좋으냐고 마치 잘 죽었다고 찬사를 하듯 조사(弔辭)를 하기도 한다,

특히 도오(道吾)선사는 점원(漸源)스님을 데리고 상가를 방문한 일이 있었다. 점원은 단순히 문상을 하기보다 죽음을 추궁하고 힐난하는 행동을 서슴지 않았다. 도오선사는 관(棺)을 두드리며, "살아있습니까? 죽었습니까?" 하고 물었다. 이런 방자하고 무례한 행동을 보고 제지하는 사람이 없었다. 오히려 도오선사는 "살았다고도 못하고 죽었다고도 말할 수 없다"고 했었다.

점원스님은 어째서 분명히 말하지 못하느냐고 추궁했다. 그러나 그는 말할 수 없다고 입을 다물어 버렸다. 절로 돌아오는 길에, "스님 빨리 말해 주십시오. 만약 말하지 않으면 스님을 치겠습니다" 했다.

도오선사는 태연히 칠테면 쳐도 좋지만 살았느냐 죽었느냐 하는 문제는 말할 수 없다고 말했다. 이때 점원스님은 도오선사를 한 대 쳤다. 듣고 싶은 올바른 대답을 듣지 못해 주먹질을 하고 만 것이다.

그후 도오선사는 입적했다. 죽을 때까지 그는 살았다고도 말하지

않았고 죽었다고도 주장하지 않았다.

점원스님은 다시 석상스님을 찾았다. 그리고 도오선사와 있었던 일을 설명했다. 이때 석상스님도 도오선사와 같이 "살았다고도 못하고 죽었다고도 못한다"고 했다. 점원의 회의는 깊어졌다. 무슨 이유때문에 그러느냐고 힘없이 물었다. 석상은 다시 "말할 수 없어" 하고 소리쳤다. 이 말에 점원은 깨달을 수 있었다. 말하지 않은 깊은 뜻을 알 수 있었다.

어느 날 점원스님은 가래를 들고 법당 위에 올라가 무엇을 찾고 있었다. 석상스님이 무얼 하느냐고 묻자 그는 태연하게, "돌아가신 스님의 사리(舍利)를 찾고 있습니다" 하고 대답했다. 석상스님은, "온 천지가 스님의 사리로 가득 찼는데 어떤 사리를 찾는단 말이냐?"고 반문했다.

이처럼 일초일목을 절대가치로 인식하는 안목 앞에는 죽음은 삶의 종말이 아닌 해탈의 자유가 되고 만다.

남전(南泉)선사 슬하에 육긍대부(陸亘大夫)라는 높은 벼슬을 가진 제자가 있었다. 스승이 열반에 들었다는 소식을 듣고 남전사(南泉寺)로 달려갔다. 그는 스승의 영전에 이르러 애도를 하는 것이 아니라 "하하하" 하고 웃었다. 가가대소(呵呵大笑)를 한 것이다.

이 모습을 바라고 보고 있던 사형(師兄)이 몹시 꾸짖었다. 그는 꾸지람을 듣고 이번에는 대성 통곡을 했다.

스승의 영전에서 한바탕 웃었다면 일반적 상식으로는 이해할 수 없을 뿐 아니라 정신병자 취급을 받았을 것이다. 그러나 나고 죽음이 없는 경지를 체득한 사람에게는 죽음은 법신의 부활로 인식되기 때문에 애도를 표시하지 않고 죽음 앞에서 희화(戲化)적 행동을 할 수 있는 것이다. 그래서 함허득통선사는 원래 마음과 자성은 텅 비고 고요해 한 물건도 없으며 그 빛은 신령스러워 온 누리에 충만하다고 했다. 그리고 몸과 마음에 나고 죽음을 받지 않으니 오고 감에 걸림이 없다고 한 것이다.

원효는 인간의 본원(本源)을 마음이라고 밝히고 있다. 마음은 진리의 원천인 동시에 부처와 중생의 근원이라고 했다.

그러나 이 마음은 깊고 고요하며 깨끗하고 평화롭다고 했다. 텅 비고 고요한 마음의 근원은 형상이 없어 볼 수 없으며 한없이 크지만 어느 구석진 곳이라도 들어가지 못할 일이 없고, 작다고 한다면 어느 큰 것이라도 감싸지 않은 것이 없다고 했다. 만약 있다고 하면 한결같이 모습이 텅 비어 있고 없다고 하면 만물이 다 이로부터 나온다고 마음의 근원을 설명하고 있다.

바로 이 근원에 나고 죽음은 존재하지 않는다. 삶과 죽음이 공존해 있지만 근원을 모르고 근원에서 일탈했을 때 생사의 지배를 받게 되고 오고 감이 있게 된다. 근원을 언어로 표현할 때 일물(一物)이라 했고 나아가 그것은 한 물건도 아니라고 부정되기도 했다. 그리고 이 한 물건은 텅 비고 고요해 비록 없는 것이나 만약 없다고 한다면 이로부터 만물이 나오니 없다고도 할 수 없다고 했다.

본체에는 오고 감이 없다. 그래서 인간의 태어남을 바람이 일어나는 것에 비유하기도 하고 구름이 일어나는 것에 비유하기도 했다. 그리고 죽음이란 바람이 사라지고 구름이 스러지는 것과 같다고 은유했다.

근원인 한 물건을 체득한 사람들은 철저히 본질에 계합하는 정신을 갖고 있었고 자기회귀(自己回歸)의 깨어있는 의식을 지니고 있었다. 그래서 태어남을 타향살이라고 했고 죽음을 고향으로 돌아가는 일이라고 귀향의식(歸鄕意識)을 표현하고 있다. 그리고 자성의 본질에는 지옥과 천당이 존재치 않기 때문에 선사들은 천당도 좋아하지 않고 지옥도 두렵지 않다고 역설적 표현을 일삼기도 했다. 천당에 가지 않고 서슴없이 지옥으로 가겠다고 선언한 이가 바로 곡천(曲泉)선사다.

불국사 조실을 지낸 월산(月山) 큰스님은 임종게를 통해 본질회귀(本質回歸)의 정신을 극명하게 표현하고 있다. 임종게의 백미라고 할 수 있다.

한 평생을 돌고 돌아
한 발자국도 옮기지 않았네
본래 그 자리
그것은 천지 이전에 있었네.

廻廻一生　未移一步
本來其位　天地以前
　　　　　　- 月山

그리고 성철스님은 텅 비고 고요한 공적(空寂)의 세계를 자신이 살았던 삶과 결부시켜 임종의 세계를 해탈의 정서로 표현하여 많은 사람들에게 감동을 주었다.

일생 동안 남녀 무리들을 속여서
그 죄업이 하늘을 넘치네
산 채로 무간지옥에 떨어져
그 한이 만 가지나 되는지라
한 덩이 붉은 해는 푸른 산에 걸려 있네.
生平欺狂男女群　彌天罪業過須彌
活陷阿鼻恨萬端　一輪吐紅掛碧山
　　　　　　- 性徹

수행과 깨침으로 수행인의 표상이 되었던 스님은 임종에 다다라 자신의 본질을 적나라하게 드러냄으로 인해 스님의 살았던 수행적 삶이 더욱 진실하게 느껴지고 있다. 한평생 사람들을 속였다고 자기 고백

같은 진술이나 산 채로 무간지옥 떨어져 그 한이 만 가지나 된다는 인과의 섭리를 보임으로써 스님 앞에 많은 사람들이 고개를 숙이게 하고 있다. 이와 달리 학명(鶴鳴)스님은 자신의 진면목이 누구인가 끝없는 질문을 던지고 있다.

    전생에 누가 나이며
    내생에 나는 누구인가
    금생에 비로소 내가 아는 나는
    도리어 깨닫고 보니 내 밖의 나였네.
    前生誰是我　來生我爲誰
    今生始知我　還迷我外我
               - 鶴鳴

그리고《금강경》해석을 통해 잘 알려진 부대사(傅大士)는 밤마다 부처님을 안고 자고 아침에는 부처님과 함께 일어나지만 부처는 다른 곳에 있는 것이 아니라 우리의 일상 속에 있음을 밝히고 있다.
    부처를 놔두고 부처를 찾아다니고 있음을 인식시키고 있다.

    밤마다 부처를 안고 자고
    아침에는 부처님과 같이 일어난다.

부처는 어디에 있는가
움직이고 말하는 곳에 있다.
夜夜抱佛眼　朝朝還共起
欲知佛住處　語默靜動止
　　　　　- 傅大士

어제는 '야차'의 마음이었는데
오늘은 보살의 얼굴이네
보살과 야차가
백지 한 장 사이도 안 되네.
昨日夜叉心　今朝菩薩面
菩薩與夜叉　不隔一條線
　　　　　- 禪林僧寶傳

　중국선사들은 견성체험과 내심자증(內心自證)에 대해 너무나 투철한 돈오정신을 보이고 있다. 비록 삼라만상의 근원이 마음에 있다 할지라도 옛 조사들이 했던 방법을 단호히 거부하고 있다.
　달을 가리키고 꽃을 들어 보이고 눈을 깜박이고 꽥 소리를 지르고 마삼근(麻三斤)이라 하고 뜰 앞에 잣나무라고 화두(話頭)를 열거하여 수행자를 깨우치려고 하여도 묘체(妙諦)는 드러나지 않는다고 주장하고 있다.

  그리고 중국선사들의 상상력과 은유는 매우 깊고 서정적이다. 풍부한 정서와 은유는 근원을 묘사하는 데 있어 새로운 경이를 체험케 한다. 우주의 참모습을 그들은 성전일구(聲前一句)라고 했는가 하면 참다운 실상은 언어로 표현할 수 없다고 밝히고 있다. 언어로 전달할 수 없는 것을 천성부전(千聖不傳)이라고 하는가 하면 나고 죽음에서 자유자재한 솜씨를 불조대기(佛祖大機)라 했다. 이러한 기략(機略)을 손아귀에 넣는 것을 전귀장악(全歸掌握)이라고 표현하고 있다. 부처와 조사가 지닌 대기대용(大機大用)을 불조대기(佛祖大機)라고 한 것이다.

  그리고 진리의 참모습이 우주에 가득 차 있는 모습을 중국선사들은 운응대야(雲凝大野)라고 시적(詩的) 표현을 쓰고 있다. 구름이 한없는 빈 들판을 덮어 하늘과 땅에 가득 차 있는 세계 그대로를 우주의 참모습으로 파악했다.

  진리는 이처럼 우주법계에 충만해 있다. 다만 중생이 무명의 속박에 갇혀 진리로부터 멀어져 있을 뿐이다. 진리가 우주에 충만해 있다면 육신을 버리는 일은 실상에 계합하는 일이기 때문에 나고 죽음이 없다고 주장하는 것이다. 그러나 진여(眞如) 자체는 말과 생각으로 미칠 수 없기 때문에 언사형절(言思逈絶)이라고 한 것이며 스스로 체험하지 않으면 깨달을 수 없기 때문에 도에는 샛길(道無橫徑)이 없다고 한다.

  모든 만물은 제나름의 절대적 가치를 갖추고 있기 때문에 낱낱이 부처요, 미륵이요, 문수와 보현이다. 그래서 육신을 버리는 일은 절대 가치를 실현하는 일이다. 따라서 법신을 실현한 일에 화려한 장례식은 참으로 부질없는 일이다. 장례식이 사치스럽다고 해서 참된 모습이 나타나는 것도 아니고 수행의 삶이 풍요해지는 것도 아니다.

텅 빈 침묵

눈이 쌓인 설악산에 달이 뜨는 날에는 순수의 원체험(願體驗)을 하게 된다. 바람에 달빛이 날리고 그 바람은 달빛 향기를 실어 나른다. 비록 음악이 없어도 오랫동안 달빛을 보고 있노라면 그 속에서 소리가 나고 향기가 배어나옴을 느낄 수 있다. 이 세상 모든 신령스러움을 모아서 이처럼 아름다운 달빛을 만들수 있을까 생각을 하면 달은 산을 넘어 숨어 버리고 어둠이 은백(銀白)의 살결을 감싸안는다. 이때 문득 생각하는 것이 죽음이다. 달빛을 따라 깊은 계곡으로 들어가 가부좌를 틀고 적멸(寂滅)을 이룬다면 그 열반은 더욱 넉넉하고 아름다울 것이다.

****

　겨울 설악산은 삭막하고 살벌하다. 밤이면 칼날선 바람이 본체만 드러낸 산천을 훑고 지나가면 나뭇가지가 부러지고 신음소리가 난다. 그리고 오랫동안 간직한 고요가 바람에 휩쓸려 날아가 버린 것 같아 공허하고 삭막하다. 그러나 눈이 내리면 산은 다시 뼈대만 드러낸 채 바닷속으로 잠긴 것처럼 평온하게 서 있다. 바람 속에 성난 짐승의 피가 있어 그런지 겨울 바람은 칭얼댄다. 그리고 사납고 거칠며 스치기만 해도 상처가 난다. 산천은 하루에도 수십 번 시달리고 추위에 얼었다가 다시 녹고 몸을 뒤척이며 긴긴 겨울 밤을 지낸다.

　눈이 내려 쌓여 있으면 나무들은 마치 품안에 안겨 있는 듯 공적(空寂)의 여운이 감돈다. 비록 나무와 나무 사이에 빈 공간을 메우고 있어도 거기에는 텅 빈 고요가 있음을 느낄 수 있다. 그 고요는 설악산만이 수천 년 간직하고 키워온 것이다. 간간이 눈의 무게를 견디지 못해 나무가 부러지는데 나무 부러지는 그 소리에는 공해가 없어 가슴 속에 쌓여도 번뇌를 일으키지 않는다. 눈이 쌓인 설악산에 달이 뜨는 날에는 순수의 원체험(願體驗)을 하게 된다. 바람에 달빛이 날리고 그 바람은 달빛 향기를 실어 나른다. 비록 음악이 없어도 오랫동안 달빛을 보고 있노라면 그 속에서 소리가 나고 향기가 배어나옴을 느낄 수 있다. 이 세상 모든 신령스러움을 모아서 이처럼 아름다운 달빛을 만들 수 있을까 생각을 하면 달은 산을 넘어 숨어 버리고 어둠이 은백(銀白)의 살결을 감싸안는다. 이때 문득 생각하는 것이 죽음이다. 달빛을 따라 깊은 계곡으로 들어가 가부좌를 틀고 적멸(寂滅)을 이룬다면 그 열반은 더욱 넉넉하고 아름다울 것이다.

빈 산 달 밝은 밤에
새들은 깊은 숲 가지마다 울고 있다
새벽에 창문 여니 그 소리 다가와
가지가지마다 피 흘려 꽃은 지네.
楚天明月空山夜　啼在深林第幾枝
聲送曉窓入靜處　白流春樹落花時

그러나 겨울 산에는 새소리가 들리지 않는다. 계곡물이 얼어붙고 새들이 나뭇가지에서 울지 않아 더욱 적막하다.

❀

겨울 산을 바라보고 있노라면 본질에 대한 자각이 일어난다. 나무들은 낙엽을 떨쳐 버리고 앙상한 뼈대만 드러내 놓고 있는가 하면 산은 모든 수식을 제거하고 본체의 아름다움을 제시하고 있음을 깨달을 수 있다. 떨쳐버릴 것은 모두 제자리로 돌려보내고 침묵 속에 잠겨 있다. 이처럼 산은 해마다 본질로 돌아가 있다.

그리고 본체에는 침묵과 텅 빈 공적(空寂)이 있음을 누구나 깨달을 것이다. 사람도 모든 인연을 제자리로 돌려 보내고 나면 인연의 속박에서 자유스러워질 수 있다. 다만 욕망으로 만든 속박을 버리지 못해 얽매여 있는 것이다.

수행과 깨달음은 자성의 근원을 체득하는 일이요, 본질로 돌아가는 일이다. 그리고 자기 본질에 가까워질수록 얽매임에서 자유스러워질 수 있다.

그동안 나는 밖을 향해 달렸을 뿐 내면을 살피는 일에 게을리했다. 마치 내 자신을 낯선 거리에다 팽개쳐 버리고 빈 껍데기만 가지고 살아온 셈이다. 본질에서 일탈(逸脫)해 있었던 것이다. 그리고 태어나서 지금까지 살아온 시간을 따져보니 육십이 가까워지고 있었다.

벌써 육신은 낡고 병들어 낡은 수레처럼 되어 있었음을 늦게나마 깨달을 수 있었다. 낡은 수레를 이끌고 돌아갈 곳은 한 군데도 없었다. 다만 돌아갈 곳이 있다면 본래 자기를 회복하는 일뿐이었다. 그것은 곧 자기귀환(自己歸還)이었다. 그러나 자기로 돌아가는 길은 멀고 험했다. 그토록 먼 길이라는 것을 한 철 동안 사색과 명상을 통해 깨달을 수 있었다.

나를 얽매고 있는 인연들은 미련없이 나를 보내지 않았고 그것은 업력이 되어 뿌리를 내리고 있었다. 대개 사람들을 자기를 형성할 때 바로 이 업력을 바탕하여 이루게 된다. 업력은 자기 분신이 되고 자기 모습인 양 누구나 착각하게 된다. 이러한 자아는 항상 갈등과 대립을 일으킨다. 참된 자아를 실현하기 위해서는 자기를 비워야 한다. 비워서 무아(無我)가 될 때 본래 자기로 돌아갈 수 있고 산처럼 본체를 드러낼 수 있다.

지난 여름부터 새 천년이 올 때까지 나는 나를 얽매고 있는 인연들을 버리고 제자리로 돌아가기 위해 시선을 안으로 집중시키고 있다. 차를 마시면서 버리고 구하는 마음까지 버리고 있으니 정신이 풍성해진다.

이 몸에는 본래 주인이 없네

참다운 진아를 실현하고 유한적 삶을 극복하기 위해서는 비본질적인 것을 버려야 한다. 본체가 아닌 것은 붕괴되고 노쇠해지기 마련이다. 그렇다면 영혼은 어디로 가는 걸까. 신령스런 자성(自性)의 본체는 맑고 고요하다. 시종(始終)과 고금(古今)이 존재치 않기 때문에 생사가 있을 수 없다.

****

　지난 해 어느 노승(老僧)이 열반하여 영결식에 참석을 한 일이 있다. 일주문(一柱門)을 들어섰을 때 산봉우리에서 내려온 바람이 옷깃을 스치고 지나갔다.
　나는 속으로 저 바람은 어느 골짝을 떠돌다가 오늘 나와 인연을 맺는 걸까 생각을 했다. 바람도 윤회를 하다가 나와 인연을 맺은 걸까. 그리고 어느 육신에서 빠져나온 바람이 떠돌고 있는가를 생각했을 때 저 바람도 이름을 알 수 없는 사람의 몸 속에서 빠져나온 것임이 분명했다.
　노승의 영전(靈前)은 향연으로 가득했고, 영정(影幀)만이 문상(問喪) 온 스님들에게 미소로 이심전심(以心傳心)의 교감을 나누는 것 같았다.
　조주스님은 제자가 영정을 그려서 바쳤을 때 "저것이 나라면 불태워 버리게" 하고 말한 일이 있다.
　신령스런 자성(自性)에는 육신이 존재치 않기 때문에 나고 죽음의 지배가 없다. 그래서 노승의 법신은 근원으로 돌아가고 소멸할 육신만 남아 있는 것 같았다.
　나는 오랜만에 영결식에 참석하고 다비장(茶毘場)까지 따라갔다.

왜냐하면 혼을 타고 돌아가는 것을 보기 위해서였다.

만장(輓章)은 무지개빛처럼 바람에 날리고 목탁소리가 바람을 타고 깊은 계곡으로 사라지고 있었다.

다비장으로 옮겨진 꽃상여에는 간단한 의식이 치러졌다.

나는 염불소리를 가까이 듣고 있었지만 그 소리가 멀리서 들려오는 것 같은 환청에 빠져 있었다.

그렇다고 내 자신이 왕생극락을 빌고 있는 것도 아니고 죽은 영혼을 애도(哀悼)하는 것도 아니었다. 초월과 소멸이 교차하는 것을 바라보고 있었다.

"육신은 오늘 비록 소멸했으나 법신은 머물러 있다. 심체(心體)가 맑고 고요하니 어찌 출몰(出沒)이 있으리요. 바로 이곳이 편안히 쉴 곳이다."

꽃상여 속에 있던 관(棺)이 다시 소대(燒台)로 옮겨졌다. 이때 스님 한 분이 마치 봉화에 점화(點火)를 하듯 불꽃을 들고 화장목(火葬木) 앞에서 염불을 했다.

육신 속에 있던 바람을 누군가 벌써 데리고 가고 이제 불은 육신을 태워 빈 자리를 이룰 것이다. 그 빈 자리는 누구를 기다리고 있을까.

"여기에 있는 불꽃은 삼독(三毒)의 불꽃이 아니고 여래(如來)가 밝힌 깨달음의 불꽃이다. 그 빛은 밝고 밝아 삼계(三界)를 두루 비춘다. 오늘 영가는 그 빛을 돌이켜 자신의 실상을 비추어 보고 생명의 근원을 깨달으라."

 염불이 끝나자 불을 들고 있던 스님은 화장목에 불을 붙였다.

 대개 다비(茶毘)를 하기 위해 준비한 나무는 오랫동안 탈 수 있도록 장작과 참나무가 대부분이다. 그리고 수십 개의 가마니에 물을 뿌려 나무 위에 덮고 기름을 부어 불이 꺼지지 않도록 한다.

 불은 서서히 타들어 갔다. 불빛은 바람에 따라 춤을 추듯 타올랐다. 소멸과 귀환(歸還)이 이루어지는 순간이었다. 생멸을 되풀이하는 육신은 재가 되어 흩어질 것이고 나머지는 자연과 합일할 것이다.

 인간을 지탱해 온 육신이 해체되고 나면 무엇이 남고 그동안 나라고 주장한 실존을 어디서 찾을 수 있을까 혼자서 반문했다.

 참다운 진아를 실현하고 유한적 삶을 극복하기 위해서는 비본질적인 것을 버려야 한다. 본체가 아닌 것은 붕괴되고 노쇠해지기 마련이다. 그렇다면 영혼은 어디로 가는 걸까. 신령스런 자성(自性)의 본체는 맑고 고요하다. 시종(始終)과 고금(古今)이 존재치 않기 때문에 생사가 있을 수 없다. 설사 매장(埋葬)을 해서 묻는다고 해서 그 영혼이 흙 속에 안주하는 것은 아니다. 신령스런 영혼은 인연을 따라 새롭게 탄생한다.

 밤이 되자 커다란 장작 무더기는 부피를 줄여 숯불만 이글거리며 타고 있었다.

 서산(西山)스님은 자신의 임종게에서 '붉게 타고 있는 화로 가운데 눈(雪) 한 점이 녹는 것 같다(紅爐一點雪)'고 표현한 일이 있다.

육신이 서산스님의 표현처럼 한 점 눈처럼 녹고 있었다.

달빛은 뒷산에서 머물고 하늘에서 별빛들이 쏟아져 내리고 있었다.

달이 뒷산으로 떨어지고 나니 별빛들이 길을 밝혔다. 그리고 바람은 아무 자취도 남기지 않고 사라져 버렸다.

깊은 계곡으로 자리를 옮겼던 적막이 제자리로 돌아오고 있었다.

나는 이때 다 같은 죽음인데 마음속에서 왜 슬픔이 일지 않을까 하고 생각을 해 보았다. 이유는 간단하고 분명했다. 혈육을 나누지 않았고 죽음이 소멸이 아닌 진여(眞如)로 돌아가는 일이기 때문에 가슴에서 오열이 일지 않았다. 그리고 결혼하여 혈육이 없기 때문에 세속적 슬픔은 제한되어 만인(萬人)들의 애도(哀悼)가 되었다.

새벽이 되어 장작 무더기는 다 타고 재가 되어 있었다. 관(棺) 속에 들어 있던 노승의 시신은 재로 변해 뼈마디 몇 개만 남아 있었다.

비록 죽음이 개체적인 것일지라도 인간의 한 생애가 몇 시간 만에 한줌 재로 변한 것을 보니 내 자신이 살아있다고 말할 수 없었다. 노승이 남긴 적멸(寂滅)의 무게가 나를 참으로 초라하게 만들어 버렸다.

육신 어느 한 구석이 나라고 할 만한 부분이 없었고 썩고 소멸할 존재란 것을 생각하니 갑자기 가슴이 무너질 것 같은 슬픔이 엄습했다. 그것은 무상(無常)의 허무였고 실존적 고통이었다.

습골(拾骨)이 시작되기 전 염불이 시작되었다.

바람과 체내에 쌓여 있던 물기는 자성을 따라 가버렸고 육신속에 있던 체온은 불빛이 되어 사라져 있었다. 살과 뼈는 타서 재가 되어 있었고 커다란 공허가 눈앞에 쌓여 있었다.

젊은 날 동화사에서 몇 년 머무르고 있을 때 깊은 계곡에서 음독한 여인의 시신을 본 일이 있었다. 시신은 살이 썩고 부패되어 벌레들이 침범해 있었고 고약한 냄새 때문에 구역질이 나왔다. 그리고 깊은 산에 오를 때 산짐승이 죽어 살이 빠져 나가고 뼈마디만 남아있는 모습을 보고 저것을 실상이라고 말하기는 어렵다고 독백을 한 일도 있다.

나무와 풀, 그리고 낙엽은 썩어 흙이 되어 생명을 탄생시킨다. 육신은 흙으로 돌아가 토양이 되어 무엇을 탄생시킬 것인가. 생사(生死)는 불멸(不滅)을 빚어내는 토양이다.

마지막 습골을 하여 남은 것은 뼈마디에 붙어있는 구슬이었다. 구슬은 영롱한 빛을 머금고 있었다. 그리고 밤에 내려왔던 별빛이 그 속에 담겨 있었다. 사리(舍利)였다.

제자들은 사리를 수습하여 다비장을 떠나고 나 혼자 적멸과 함께 그 자리에 서 있었다. 그런데 참으로 신기한 일이 일어나고 있었다. 바람이 불어오면 낙엽을 밟고 오는 발자욱 소리가 들렸고 나무와 풀잎들은 숨소리를 몰아쉬고 있었다.

텅 빈 자리에서 노승의 숨소리와 발자욱 소리가 들리고 있었다.

본체(本體)의 공적(空寂) 위에서는 버려도 얻지 못하고 취(取)해도 얻을 수 없는 섭리가 있음을 깨달을 수 있었다.

따지고 보면 어찌 무명(無明)이 여래의 법신이 아니고 무엇이겠는가. 그동안 앉고 누움이 그대로 진여(眞如)의 참된 모습임을 알지 못하고 지낸 것이다. 다만 분주하게 소리와 빛을 따라 친소를 따졌고 그로 인해 자신을 더럽혀 온 것을 알지 못한 것이다.

중생을 괴롭히고 있는 번뇌는 원래 실체가 없어 텅 비어 있다. 그런데 중생은 도(道)를 가지고 다시 도(道)를 찾아다니는 것이다.

날이 밝아 다비장을 떠날 때 이름을 알 수 없는 새들이 울고 있었다. 노승은 육신의 빈 껍데기를 벗고 법계의 주인이 되었는데 나 홀로 빈 그림자를 끌고 가는 것 같아 참기 어려운 공허가 엄습했다.

가는 곳마다 님을 만나네

만수 천산의 길에
쓸쓸히 외롭게 가는 몸이여
가고 머무는 것 논하지 말라.
우리 모두 꿈속의 사람이네.
萬水千山路　凄然獨去身
無論去與住　但星夢中人

****

　벼슬을 좋아하는 사람들은 보다 높은 자리를 추구한다. 이것을 권력의 속성이라고 한다. 수단 방법을 가리지 않고 경쟁자를 물리치고 높은 자리에 오르면 그때서야 일종의 쾌감과 아울러 성취감을 느낀다고 한다. 대체적으로 이런 사람들은 그 자리에서 물러날 때를 생각지 않고 나아가 추락의 섭리를 깨닫지 못한다고 한다. 그러나 권력이란 뜨거운 난롯불과 같다. 너무 가까이 가면 자신이 타버리고 멀리 떨어져 있으면 춥고 먹을 것이 없다. 중간쯤 있어야 보온이 잘 되지만 그 중도(中道)를 유지하기가 어렵다.

　2년 전 권력 가까이 있는 사람과 점심을 함께 한 일이 있었다. 나는 그때 처음 만난 사람이라 이야기를 듣는 입장에서 귀를 기울이고 있었다. 그는 검사 출신답게 사리를 분석하는 것도 예리했고 민심을 바라보는 눈도 그렇게 어긋나지 않았다. 다만 귀에 거슬리고 마음에 걸린 것은 자신감에 차 있는 태도였다. 누구나 자기 직분에 충실하고 자신감에 넘쳐 있는 것은 일의 능률을 위해서도 다행스런 일이지만 그것이 자만이 될 때 화근이 되는 경우가 있다.

　나는 그때 그 사람에게 권력 속에는 반드시 역사의 인과가 있으니 지난 정권 당시 권력의 측근에 있는 사람들을 거울로 삼으라고 말했다. 왜냐하면 5공(五共) 당시에는 사회정화와 사회정의를 앞세워 많은 사람들이 상처를 받았고, 문민정부에는 '역사 바로 세우기 운동'을 전개하여 인적 청산의 수단으로 삼은 일이 있었기 때문이다. 그런데 정권마다 개혁과 변화를 추구하고 앞장섰던 권력의 측근들이 정권이 바뀌면 비난의 대상이 되고 반개혁적 인물로 전락하여 옥고를 치른 것을 보아왔기 때문이다.

나의 말에 그 사람은 불쾌한 표정을 지었고 협박하느냐고 반문까지 했다. 그 순간 조주스님의 말씀처럼 직언은 쇠망치와 같다고 말을 하려다가 참아 버렸다. 그러나 그 사람은 2년이 지난 후 세상을 떠들썩하게 만든 사건에 연루되어 억울하게 낙마(落馬)를 하고 말았다.

중국 달관선사는 열반에 들기 전 "나는 산에 들어와 인생을 마치지 못하고 왕궁 출입을 하면서 군왕(君王)을 번거롭게 했으니 허물이 말할 수 없이 크다"고 말한 후 입적했다.

절대 밖에서 찾지 말라.
자신과는 점점 멀어질 뿐
나 이제 홀로 가고 머무노니
가는 곳마다 님을 만나네
그 모습 엄연히 내 얼굴인데
나는 이제 그가 아닐세

모름지기 이렇게 알아야만
분명히 진여에 계합하리라
切忌從他覓　迢迢與我疎
我今獨自住　處處得逢渠
渠今正是我　我今不是渠
應須恁麼會　方得契如如

　　　　　- 洞山良价

동산양개화상은 열반에 들었다가 제자들이 슬프게 울자 다시 눈을 뜨고 칠 일 동안 어리석음을 깨우치고 입멸한 선사이다. 죽음을 잠을 청하듯 자재하는 내 영혼은 어디론가 사라져 가고 있다.

허망한 생각을 지은 지 칠십 칠년
창밖에 떠도는 벌처럼 부질없어라
문득 저 언덕에 오르고 보니
한갓 바다에 떠도는 물거품임을 알았네.
妄認諸緣稀七年　窓蜂事業摠茫然
忽登彼岸騰騰運　始覺浮漚海上圓

　　　　　- 梵海

삶에 절망해 보지 않은 사람은 인생의 진수를 알 수 없다.

참다운 사람이 되기 위해서는 마음속에 고통과 슬픔, 그리고 좌절과 절망이 젓갈처럼 삭아서 맛이 들 때 참다운 면목을 깨달을 수 있다.

참다운 성품에는 본래 둥글고 밝으니
원래부터 생과 멸이 없도다
나무 말이 한밤중에 우니
서쪽에서 해가 솟는다
眞性圓明　本無生滅
木馬夜鳴　西方日出

- 범기

사람이 죽어서 적멸을 이루는 일은 쉽다.

그러나 살아서 문둥병이 걸린 사람처럼 자기 모습을 뭉그러뜨리고 해체하지 않고는 참다운 사람으로 태어나기는 어렵다.

내 나이 일흔 일곱
오늘 비로소 무상함을 아네
둥근 해가 중천에 떴으니
두 손으로 세운 무릎 휘어잡고 오르노라.

年滿七十七　無常在今日
日輪正當午　兩手攀屈膝
　　　　　　－ 仰山慧寂

칠십을 넘으면 버릴 것 다 버리고 구수한 숭늉이 되어 있어야 한다. 그래야 후학들이 와서 한번 마시고 사람의 향기와 법다운 진미(眞味)를 맛볼 수 있다. 그러나 우리 주위에는 그런 사람이 없다.

예순 여섯 해 세월이여
지은 죄가 하늘에 넘치고
이제 타개하여 뛰어넘으려고 한다.
살아 있을 때는 황천에 빠질 뻔했지만
에라, 원래 생사가 이와 상관없다.
六拾六年　罪過彌天
打開跨跳　活陷黃泉
咦　從來生死不相干
　　　　　　－ 如淨

병들어 눕게 되면 어둠에 갇히게 된다.
이때는 육신에 집착하지 말고 육신을 산짐승에게 나누어 주라.

이 몸은 본래 주인이 없고
오온은 원래 텅 비었어라
저 칼이 내 목을 친다해도
봄바람을 자르는 것과 다름없어라.
四大元無主　五蘊本來空
將頭臨白刃　猶如斬春風
- 僧肇

   승조는 왕명을 거역한 죄로 단두대에 올라 젊은 나이로 일생을 마쳤다. 생사가 없는 삶, 용무생사(用無生死)의 모습을 보인 대표적인 선사가 승조이다.

   10·27법난 당시 우리나라 선지식(善知識)들은 생사가 없는 삶을 보이지 못했다. 말로 생사가 없다고 하니 그 죄가 수미산보다 클 수밖에.

지수화풍이라 했으니
차갑게 식은 잿더미 속에 사리가 있으리요
장강의 흰 물결 속에 쓸어 버릴지니
이는 천만 년의 불변의 진리로다.
地水火風先拂已　洽灰退離無舍利
掃向長江白浪中　千古萬古第一義
- 보제

선사(禪師)들 가풍에는 두 가지가 있다.

하나는 화장(火葬)을 하고 사리가 나오면 수습하여 신도들에게 보여주는 기회를 갖고 거대한 부도와 탑을 조성하는 경우이다. 또 하나는 영롱한 사리를 보고도 마치 쓸모없는 물건을 버리듯 바다나 산에 버리는 경우다. 왜냐하면 내 몸에서 사리를 수습치 말라는 스승의 유훈이 있었기 때문이다. 가풍에 따라 선사들의 면목이 달라진다.

이놈은 본래 무지해서
옳고 그름을 말했지만
한번 주먹을 불끈 세우면
부처님도 엿보기 어려울 것이다.
這漢無知　說是說非
拳頭頤起　佛也難窺

― 청열

수행자가 육십을 넘으면 시비에 걸리지 말아야 한다. 그리고 자기 내면을 통찰하여 마음속에 무엇이 담겨 있는지 살펴야 한다.

만약 남을 증오하고 닭벼슬보다 못한, 종단의 직위에 마음을 두고 있다면 먹물옷 입은 것이 부끄럽지 않나 참구해야 할 것이다.

모름지기 몸을 감춘 곳에
종적이 없고
종적이 없는 곳에
몸을 감추지 말라
眞須藏身處　沒從跡
沒從跡處　莫藏身

- 般子

생각과 말이 끊어진 곳에서도 자신을 숨길 수 없다.
죄업과 허물이 하늘을 넘치는 곳에 자신을 은둔시켜라.

천 마디 법문 만 가지 게송
그거 다 허튼소리
나에게 한 마디 있으니
죽은 뒤에 들어 보이리라.
千偈萬偈　總是熱妄
我有一句　死後擧偈

- 寶印

뜻을 얻으면 말을 버려라(得意忘言). 말을 버릴 때 본체는 드러난다. 그러나 말 속에 속박되고 상처를 받는 사람들이 있다.

  인간 칠십 년 다 겪은 후
  오늘에야 모든 인연 다 끝났네
  허공을 때려 부숴도 부질없는 일
  놀라 일어나니 온몸이 법신이네
  閱盡人間七十秋　萬緣今日日時休
  虛空撲破渾閑事　警起全身露地牛
                - 龍牙從蜜

  모든 인연을 버리지 못하면 사물의 본질을 바라볼 수 없다. 그리고 모든 사물을 차별없이 아름다움으로 볼 수 있는 안목이 사람들을 구원할 수 있다.

  평생의 잘못됨이
  오늘에야 바로 됐네
  말후의 한마디에
  눈 위에 서리가 내리네.
  平生顚倒　今日卽當
  末後一句　雪上加霜
             - 無文

아집과 독선에 사로잡힌 사람들은 자기 허물을 발견하는 데 있어 매우 인색하다. 자기 주장이 국민적 지지를 받는다고 대중을 앞세워 많은 사람들의 허물을 말하고 있지만 누군가에게 자신이 이용당하고 있음을 깨달아야 한다. 남의 허물을 말하는 사람은 반드시 훗날 역사와 국민들의 도덕적 검증을 받게 된다.

만수 천산의 길에
쓸쓸히 외롭게 가는 몸이여
가고 머무는 것 논하지 말라.
우리 모두 꿈속의 사람이네.
萬水千山路　凄然獨去身
無論去與住　但星夢中人

부처와 조사 되었다가
때로는 임금과 재상이 되었다가
능라 비단을 입고 으스대다가
다시 초라한 모습이 되었네
홀연히 수행자로 돌아와
잠깐 사이에 하급 관리로 둔갑해 버리니
술 취해서 미운 사람 욕을 하고

이제는 향을 피우고 불전에 예배드리네.
或爲諸佛祖　或作王候卿
能作錦衣士　能爲貧窘珉
忽爲諸釋輩　飜作庶官令
醉酒罵人惡　燒香禮佛誠

사람의 마음은 환경을 따라 움직이다가 때로는 지옥에 갔다가 다시 축생의 세계로 옮기고 아수라 모습을 지었다가 아귀(餓鬼)가 되기도 한다.

슬프다! 우리 종문에 큰 도적이여
천상천하에 몇 사람이 있을까
세상 인연이 다하여 팔짱끼고 가니
동쪽 집에서 말이 될 건가 서쪽에서 소가 될 것인가.
哀哀宗門大惡賊　天上天下能幾人
業緣已盡撒手去　東家作馬西舍牛

　　　　　　　　　　　　　　　－ 性徹

향곡(香谷)스님이 열반했을 때 성철 큰스님이 애도한 시(詩)이다. 슬픔을 슬픔이라고 말하면 그 슬픔은 반감된다.

도반을 종문(宗門)의 큰 도둑이라고 말하고 죽어서 말이 될건가 묻고 있는 선적(禪的) 역설이야말로 활구(活句)이고 생사를 베는 칼이다.

뿌리에 돌아가면 뜻을 얻고
빛을 따르게 되면 종지를 잃게 되네
잠깐 근원을 돌아보면
예전의 꿈에서 깨어나리.
歸根得旨　隨照失宗
須臾返照　勝脚前空

- 信心銘

침묵을 따라 깊이깊이 내려가면 자신이 문둥병 환자가 되어 있음을 발견할 것이다.

대립에서 벗어나려면 하나에도 집착하지 말라.

한 생각에도 머물지 말아야 매미가 껍질을 벗듯 허물에서 자유스러워질 것이다.
집착하면 본분을 잃고 삿된 길로 들어설 것이다.

부처를 찾다가 자신에 얽매여 모든 것을 잃지 말라.

부처란 일없는 사람

그대들은 닦을 것도 있고 깨칠 것도 있다고 하는 말에 착각하지 말라. 설령 닦아 얻을 것이 있다면 그것은 생사의 업이다. 또 육도만행을 빠짐없이 닦는다고 하나 내가 보기에는 모두가 업을 짓는 행위이다. 그러므로 부처를 구하고 법을 구하는 것은 업(業)을 짓는 것이고 보살을 구하는 것도 업을 짓는 것이다. 부처와 조사는 일없는 사람이다.

****

　요즈음 사람들의 눈빛이 살벌하다. 마음 또한 짐승을 좇는 사냥꾼마냥 사납고 거칠다. 그리고 이 시대 정의를 위하고 부패를 척결하기 위해 만든 잣대를 절대적인 진리처럼 믿는 사람이 있다. 그러나 따지고 보면 누구에게나 편견은 있다. 그 편견을 깨닫고 전체를 보는 안목을 지닌 사람이 이 시대에는 없어 아쉽다. 자신들이 만든 잣대가 뭇사람들을 죽이고 살리는 살활자재(殺活自在)하는 보검일지라도 훗날 그 칼날에 상처를 받지 않을까 걱정이 든다.
　말에는 반드시 사랑과 진실이 담겨야 듣는 쪽이 감동을 일으켜 화해(和解)의 문을 열게 된다.

❈

　포대(布袋)화상은 그림을 통해 우리에게 잘 알려진 인물이다. 그러나 그의 행장(行狀)은 기록이 없어 분명치 않고 걸림없는 삶과 무소유 정신이 노유(老幼)를 초월해 전설적 인물로 우리에게 전해지고 있다.
　그림에 나타난 포대화상의 육신은 비대하고 육중하다. 마치 바위 덩어리가 서 있는 것 같다. 거기다가 이마에는 주름살이 퍼져 있고 배가 겹쳐지는 모습이 일본 씨름선수같은 분위기를 갖고 있다. 오랫동안 포대화상을 바라보고 있으면 웃음이 절로 일어난다. 말을 하지 않아도 해학을 지니고 있으며 주지 않아도 보는 사람이 넉넉함을 느낀다. 그는 항상 지팡이에 자루 하나를 매고 일생을 살았다고 한다. 그리고 자고 싶으면 아무 데나 눕고 앉았다.

  일생을 탁발을 하고 살았으며 사람들이 주는 대로 받았다. 술을 주면 그 자리에서 마셨으며 생선과 과일을 자루에 넣어 두었다가 가난한 사람들에게 나누어 주었다고 한다.

  눈이 올 때면 눈 속에서 밤을 지냈으나 눈이 몸에 젖지 않았고 몸을 씻지 않고 지냈지만 악취가 나지 않고 몸에서 향기가 배어났다고 한다.

  집착하지 않고 아무것도 소유하지 않은 삶이 초탈을 만들었고 해탈의 자유가 되었다.

  그가 남긴 선시(禪詩) 속에서도 초월적 여유를 발견할 수 있다.

발우 하나로 천 집의 밥을 먹고
외로운 몸 만 리에 거닌다
푸른 눈으로 사람을 보는 일 없고
길을 물으니 백운의 끝이라.
一鉢千家飯　孤身萬里遊
靑目睹人少　問路白雲頭

임종에 이르러 그는 스스로 옥림사(獄林寺) 동쪽 부도밑 반석 위에 가부좌를 틀고 앉아 눈을 감고 바람이 불면 부는 대로 눈이 오면 피하지 않고 있다가 다음과 같은 임종게를 남기고 천 년의 잠 속으로 빠져 들었다. 그는 잠에서 깨어나지 않는 전설적 삶을 살고 있다.

미륵은 참 미륵인데
몸을 천백억으로 나누네
때때로 요새 사람들에게 보이나
사람들이 스스로 알지 못하네.

초탈의 자유를 터득했다 하더라도 임종에 자유자재하게 하는 일은 참으로 어렵다.

중국 문수(文邃)선사는 임종에 이르러 제자들에게 "부처란 일없는 사람인데 지금은 일없는 사람을 찾아도 찾아볼 수 없다"고 말한 후 열반에 들었다.

부처가 일없는 사람이란 말에 칼날이 서 있다. 그러나 일없는 경지에 이르러야 참사람이 누구인지 알 수 있다.

광오(廣悟)선사는 삼경(三更)을 알리자 혼자 법당에 들어가 향을 사르고 합장을 한 채 서서 입적했다. 초탈의 정신이 깊으면 죽은 시신(屍身)도 걸어가게 한다.

의존(義存)선사는 떠나는 사람처럼 '간다'고 말한 후 눈을 감고 텅빈 침묵 속으로 잠겨 버렸다. 자기 집으로 돌아가는 길인들 그리 쉬울까.

운암담성선사는 목욕을 한 후 "내일 어떤 스님이 세상을 떠나게 되니 재를 준비하라"고 일렀다. 그러나 아무도 입적에 든 스님이 없자 그날 밤 자신이 열반에 들었다. 이런 모습을 우리는 초탈이라 할까 능청이라 할까.

운거(雲居)화상은 제자들에게 "오늘이 며칠인가" 하고 물었다.

"설을 지내고 이틀이 지났습니다" 하고 말하자 "내가 출가한 지 30년이 되었으니 떠날 때가 되었구나" 하고 말한 후 앉은 채로 입멸했다.

❈

중국 선사들이 일생 동안 추구한 것은 얽매임에서 벗어나는 일이었고 본체를 드러내는 일이었다. 특히 임제선사는 자신을 미혹시키고 본체를 드러내는 데 장애가 되는 것은 모두 죽이라고 선언하고 있다. 그러나 여기서 죽이란 뜻은 살생의 의미가 아닌 집착과 얽매임을 말한다.

"너 자신을 미혹시키는 것은 모두 죽여라. 부처를 만나면 부처를 죽이고 조사를 만나면 조사를 죽이고 보살과 나한을 만나면 보살과 나한을 죽여라. 그리고 부모를 만나면 부모를 죽여라."

임제선사의 법어를 읽다 보면 영혼이 찢어지는 아픔이 엄습한다. 마치 몽둥이를 들고 영혼을 후려치는 것 같다. 그는 수행방법에 대해서도 우레와 같은 목소리를 내고 있다.

"그대들은 무엇을 구한다고 발바닥이 닳도록 제방을 쫓아다니고 있느냐. 구할 부처도 없고 이룰 도도 없으며 얻을 법도 없다(無佛可求 無道可成 無法可得). 밖으로 모양 있는 부처를 구한다면 그대들과는 닮지 않을 것이다. 그대들이 본래 마음을 알고자 한다면 그 마음은 함께 있는 것도 아니고 떠나 있는 것도 아니다. 참 부처는 형상이 없고 참다운 도는 바탕이 없으며 본래 법은 모양이 없다. 이 셋은 혼연하여 하나일 뿐이다."

임제선사의 다음과 같은 법어는 눈먼 수행자들에게 비수를 들이대는 것 같은 섬뜩함이 있다.

"그대들은 닦을 것도 있고 깨칠 것도 있다고 하는 말에 착각하지 말라. 설령 닦아 얻을 것이 있다면 그것은 생사의 업이다. 또 육도만행을 빠짐없이 닦는다고 하나 내가 보기에는 모두가 업을 짓는 행위이다. 그러므로 부처를 구하고 법을 구하는 것은 업(業)을 짓는 것이고 보살을 구하는 것도 업을 짓는 것이다. 부처와 조사는 일없는 사람이다(有修有證 莫錯 設有修得者 皆是生業 六道萬行 齊修 我見皆是造業 求佛求法 卽是造地獄業 求菩薩亦是造業 佛與祖師 是無事人)."

임제선사가 말한 일없는 사람을 생각할 때마다 소름이 끼친다. 떨쳐 버릴 것은 모두 버리고 얽매여 있던 인연들은 제자리로 돌려 보내고 본체와 실상만을 껴안고 있는 모습이 두렵기도 하다.

수행자가 나이가 든다고 해서 안목이 열리는 것은 아니다. 끝없는 욕망을 추구하고 그 욕망 속에는 부질없는 명예욕이 있는가 하면 권위가 숨어 있다. 그러나 그 욕망이 노추(老醜)를 만들고 있음을 모르고 있다. 그리고 그 명예욕을 제거해 버리면 힘없이 쓰러질 것 같은 허약함을 드러내고 있는 것을 보면 슬픔과 실망이 교차한다. 그러나 자기 내면에 눈을 뜨고 있는 사람의 말을 들으면 나를 감싸고 있던 어둠이 걷히고 있음을 느낀다.

얼마 전 사석에서 오랫동안 정치를 한 동국대 출신 황모 전의원의 말이 내 귓전을 맴돌았다. 아침을 먹고 난 후 아내가 차를 끓여 가지고 와 곁에 앉더니 말하더란다.

"여보, 우리가 죽거든 육신을 대학병원에 기증하여 장기(臟器) 일부분을 사람을 살리는 데 쓴다면 뜻있는 일이 아니겠습니까. 그리고 화장(火葬)을 하면 영혼은 새롭게 태어날 수 있을 겁니다."

아내의 제안이 너무 뜻밖의 일이라 한참동안 생각을 하다가 동의를 했다고 웃으며 말을 했다. 그는 아내가 갑자기 도인이 되었는지 그렇지 않으면 깨달음을 얻었는지 의심스러웠고 그 넉넉한 초탈적 여유 앞에 동의를 해 버렸다는 것이었다. 자식들이 부모의 깊은 뜻을 헤아려 그대로 실천할는지 의심스럽지만 자식들을 설득하자고 부부가 합의를 했다고 토로했다.

　권력과 재산을 가진 사람이 자신의 육신을 병원에 희사하고 장기 일부를 기증하는 일은 용기와 신앙심 없이는 불가능하다. 생사를 뛰어넘는 초월적 의지와 육신을 헌 옷이라고 생각하지 않고는 실행하기가 어렵다.

영혼은 별빛으로 다시 오고

설악산이 제 몸을 풀어 눈을 녹이고 속살을 데워서 잎이 피고 꽃을 피우면 나는 깊은 골짜기로 들어가 가부좌를 틀고 앉아 내 스스로 적멸이 되는 연습을 할 것이다. 그리고 마음속에 맑은 영혼이 되돌아올 때까지 기다릴 것이다. 나는 오랫동안 기다림을 갖지 못했다.

****

아침부터 내리던 비가 오후가 되어 그쳤다. 지나가는 바람도 한결 부드럽고 봄을 재촉하는 촉감이 있었다. 이번 추위가 물러가면 봄이 오리라 생각했다. 그리고 남쪽 이름 모를 계곡에서는 봄을 재촉하는 진통이 있으리라 생각을 했다.

가을이면 대청봉에서 단풍이 걸망을 지고 남도(南道)를 향해 걸어가더니 입춘이 지나고부터는 훈풍에 파릇한 새순들이 파릇한 물결을 앞세우고 만행(萬行)을 하며 설악산을 향해 올라오고 있다.

봄의 섭리란 바람난 처녀일까. 처녀가 발정하여 하룻밤을 묵은 자리에는 꽃망울이 맺히고 참을 수 없는 색정(色情)이 새순을 돋게 하고 있다.

나는 방안에 앉아 있을 수가 없어 부도(浮屠)를 찾아가 오랫동안 앉아 있었다. 부도 속에는 혼을 타고 떠나갔던 것들이 돌아와 천년을 살고 있었다.

간간이 바람이 지나가고 햇볕이 머물다가 졸고 있었다.

부도곁에 앉아 있으면 몸과 마음속에 쌓였던 것들이 하나 둘씩 빠져나가고 끝내는 내 자신이 적멸을 이루고 공적(空寂)이 됨을 깨닫는다.

지난 세월은 번뇌망상을 살림 밑천 삼아 오십 년 넘게 산 것 같다.

그래서 남아있는 것은 허물의 퇴적(堆積)이오 허상뿐이었다. 살아온 삶의 결산이 허물뿐이라면 이 몸이야말로 시은(施恩)에 압류당해야 할 것 같다. 그렇다면 이 육신만이라도 산짐승의 요깃거리가 되도록 해야함이 옳을 것 같았다.

화장(火葬)을 끝낸 빈 자리에
적멸(寂滅)은 누군가를 기다리고 있다.
떠나갔던 불빛은
밤이면 신령스런 별빛이 되어
등을 들고 내 곁에 오고

흙과 살을 섞었다는
이유만으로
봄이면 빗줄기를 몰고 와
잠든 생명을 일으키고 있다.

저 깊은 공적(空寂) 속에
혼(魂)을 타고 떠났던 것들이
다시 모여들어
잉태의 밤을 지내더니

만상(萬像)을 빚어 내고

별빛이 하늘로 되돌아가자
방문을 열고
들어선 운수(雲水) 한 사람
- 拙詩

부처는 번뇌가 있는 곳에 있다. 번뇌를 버리면 부처를 버리게 된다. 번뇌 있는 곳에서 부처를 이루어라. 번뇌가 부처를 이루는 살림살이다.

부처는 원래 속박을 벗어난 사람인데 도리어 얽매임 속으로 들어와 부처를 지었다(佛直纒外人 欲來纒內興麽作佛 - 임제).
내 몸 속에 깊이를 알 수 없는 적멸이 숨어 살고 있었다. 이제 그 적멸을 데리고 불빛만이 살고 있는 마을로 가야 한다.

운수(雲水) 한 사람이
소를 찾아 나섰다가
소를 버리고
집없는 마을에 이르러
눈썹이 빠지고

코가 뭉그러져
앞을 보지 못했다.

몸 속에서 비릿한 냄새가 나고
가슴은
젓갈로 녹아 내리더니

그제야
사람을 보는 눈이 열리더라
사람이 되어 있더라.

- 拙詩

  설악산이 제 몸을 풀어 눈을 녹이고 속살을 데워서 잎이 피고 꽃을 피우면 나는 깊은 골짜기로 들어가 가부좌를 틀고 앉아 내 스스로 적멸이 되는 연습을 할 것이다. 그리고 마음속에 맑은 영혼이 되돌아올 때까지 기다릴 것이다. 나는 오랫동안 기다림을 갖지 못했다.